资源环境约束下
河南省产业结构优化问题研究

何慧爽◎著

中国水利水电出版社
www.waterpub.com.cn
·北京·

内 容 提 要

本书基于资源环境经济学视角，以区域可持续发展理论、协调理论等作为理论基础，综合运用宏观、计量、数理统计等分析方法，在分析资源环境和产业结构优化作用机理的基础上，对资源环境约束下的河南省产业结构优化问题进行研究，其主要内容涵盖河南省产业结构现状与资源环境基础、资源环境承载力、资源约束下的河南省产业结构优化研究、环境约束下的河南省产业结构优化研究、资源环境约束下河南省产业结构优化影响因素与路径选择——以制造业为例、资源环境约束下河南省产业结构优化的制度保障措施。

本书适合政府相关部门人员参阅。

图书在版编目(CIP)数据

资源环境约束下河南省产业结构优化问题研究 / 何
慧爽著. —北京：中国水利水电出版社，2017.11 （2024.1重印）
　　ISBN 978-7-5170-6112-0

Ⅰ. ①资… Ⅱ. ①何… Ⅲ. ①产业结构优化－研究－
河南 Ⅳ. ①F269.24

中国版本图书馆 CIP 数据核字(2017)第 305374 号

书　　名	资源环境约束下河南省产业结构优化问题研究
	ZIYUAN HUANJING YUESHU XIA HENANSHENG CHANYE JIEGOU YOUHUA WENTI YANJIU
作　　者	何慧爽　著
出版发行	中国水利水电出版社
	（北京市海淀区玉渊潭南路 1 号 D 座 100038）
	网址：www.waterpub.com.cn
	E-mail：sales@waterpub.com.cn
	电话：(010)68367658(营销中心)
经　　售	北京科水图书销售中心(零售)
	电话：(010)88383994、63202643、68545874
	全国各地新华书店和相关出版物销售网点
排　　版	北京亚吉飞数码科技有限公司
印　　刷	三河市天润建兴印务有限公司
规　　格	170mm×240mm　16 开本　14 印张　181 千字
版　　次	2018 年 9 月第 1 版　2024 年 1 月第 2 次印刷
印　　数	0001—2000 册
定　　价	67.00 元

前　言

　　长期以来,河南省产业能源利用效率低,浪费严重。据历年《中国环境统计年鉴》显示,河南省工业废水排放、工业废气和工业固体废弃物排放量总体呈持续增加态势。环境污染造成了严重雾霾天气的出现、重金属污染、水土流失等各种环境和生态问题,产生巨额的经济损失。经济增长主要依靠第二产业带动的格局没有根本性转变,特别是第二产业中工业增加值自 2007 年以来占 GDP 的比重保持在 50% 左右,其中,钢铁、建材、平板玻璃、煤炭化工等高能耗、高污染很突出。

　　按照国际经验,工农业的能耗和污染强度高于服务业,重化工业高于高技术产业。在产业结构中,三次产业比例关系以及第二产业内部高耗能、高污染产业和高技术产业比例关系,直接影响着社会整体的能耗水平。河南省产业结构优化是破解资源环境约束,转变经济发展方式的路径。发达国家和地区"先污染后治理"的发展模式使得经济发展成本过高,改变这种高成本的发展模式必须依靠经济增长方式的转变。因此,为实现党的十九大的生态文明建设目标,实现经济发展和环境保护双赢目标,如何加快产业转型、促进产业结构优化升级就成了政府需要考虑的关键问题。

　　本书基于资源环境经济学视角,以区域可持续发展理论、协调理论等相关理论作为理论基础,综合运用宏观、计量、数理统计等分析方法,在分析资源环境和产业结构优化作用机理的基础上,对资源环境约束下的河南省产业结构优化问题进行了研究,研究内容主要包括:(1)河南省产业结构现状与资源环境基础;

(2)河南省资源环境承载力研究;(3)资源约束下的河南省产业结构优化研究;(4)环境约束下的河南省产业结构优化研究;(5)资源环境约束下河南省产业结构优化影响因素与路径选择——以制造业为例;(6)资源环境约束下河南省产业结构优化的制度保障措施。

本书系国家社科基金项目"基于虚拟资源流动的粮食主产区农业生态补偿机制研究"(立项编号:16BJY026)的阶段性成果。借鉴了国内外资源环境经济学理论、专家学者的思想和经验,结合河南省资源环境和产业结构特点,对资源环境约束下的河南省产业结构优化问题进行了研究,所得结论与建议供资源环境和行业规划部门参考,希望能为生态文明建设和可持续发展理论建设贡献绵薄之力。由于时间和能力限制,书中难免存在不足和错误,需要进一步深化和完善,敬请读者批评和指正。

作 者

2017 年 10 月

目　录

第1章 绪 论

1.1 研究背景与研究意义

1.1.1 研究背景

自18世纪以来,西欧工业化所导致的资源环境问题开始引起广泛的关注和批评。"二战"以后,随着工业化向全世界更多国家的扩展,自然资源的更大规模开采和利用,以及一些国家工业集中地区环境的过度破坏,使得人们越来越强烈地感觉到资源环境与工业增长的矛盾日趋突出,要求节约资源和保护自然环境的呼声越来越强烈。1962年,蕾切尔·卡逊所著的《寂静的春天》的出版开始了对工业造成的环境危机的反思。1987年《我们共同的未来》研究报告中正式提出可持续发展的概念。1992年6月巴西里约热内卢召开世界环境与发展大会,通过了世界各国政府承诺全球发展与环境共同行动的《21世纪议程》。2009年的哥本哈根气候大会更加深了世界各国产业发展中对保护环境重要性的认识,积极推进节能减排,促进经济、社会、资源环境协调发展是世界各国发展必须遵循的理念。

资源环境是经济发展的基础。改革开放30多年来,中国经济的持续高速增长创造了令人瞩目的奇迹,但是中国经济的高速增长是建立在高投入、高消耗、低效益的粗放型经济增长方式上的,资源相对短缺、生态环境脆弱、环境容量不足,已逐渐成为制约中国经济发展的重要因素。如中国水资源仅为世界平均水平的 27.27%，森林资源仅为世界平均水平的 18.54%，耕地仅占世界平均水平的 40.91%，人口却占世界的 22%。伴随经济的发展，资源环境对经济的阻碍越发明显，在这种背景下，可持续发展已经被纳入基本国策。产业结构是资源的转化器，资源的可持续利用取决于产业结构状态下的资源利用效率。因此，我国"十三五"规划纲要中指出在"十三五"期间，应加大结构性改革力度，加快转变经济发展方式，实现生产方式和生活方式绿色、低碳水平上升，能源资源开发利用效率大幅提高，能源和水资源消耗得到有效控制，新产业新业态不断成长。

改革开放以来，河南省经济发展成效显著，GDP 总量由 1978 年的 162.92 亿元增加到 2014 年的 34938.24 亿元，人均 GDP 也由 1978 年的 232 元增加到 2014 年的 37072 元。与此同时，河南省作为中部地区的重要省份之一，其经济长期保持粗放型模式，产业结构以高消耗、高污染的第二产业为主导，2014 年，河南省第二产业占比达 51%，高于全国平均水平 8.4%。与此同时，河南省资源环境形势不容乐观。以人均水资源为例，据《河南省水资源公报》显示，2014 年河南省人均水资源量只有 300m³，大约只占同年全国平均人均水资源量（2014 年全国平均人均水资源为 1998m³）的 1/7~1/6。

另外，长期以来，河南省产业能源利用效率低，浪费严重，存在能源消费时间和结构上的不匹配性，高耗能产业在工业中占比比较高导致工业二氧化硫以及工业固体废弃物产生量呈现上升趋势。据历年《中国环境统计年鉴》显示，河南省工业废水排放、工业废气和工业固体废弃物排放量总体呈持续增加态势，环境污染造成了严重雾霾天气的出现、重金属污染、水土流失等各种环境和生态问题，产生巨额的经济损失。现行产业结构不合理是其根源所在，各种各样的生态环境问题，归根到底是工业化的副产品造成的，如典型的工业"三废"。经济增长主要依靠第二产业带动的格局没有根本性转变，特别是第二产业中工业增加值自 2007 年以来占 GDP 的比重保持在 50%左右，其中，钢铁、建材、平板玻璃、煤炭化工等高能耗、高污染很突出。而按照国际经验,工农业的能耗和污染强度高于服务业,重化工业高于高技术产业。在产业结构中,三次产业比例关系以及第二产业内部高耗能、高污染产业和高技术产业比例关系,直接影响着社会整体的能耗水平(张红凤,2012)。

河南省产业结构优化是破解资源环境约束,转变经济发展方式的路径。发达国家和地区"先污染后治理"的发展模式使得经济发展成本过高,如何改变这种高成本的发展模式必须依靠经济增长方式的转变。因此,为实现党的十九大的生态文明建设目标,实现经济发展和环境保护双赢目标,如何加快产业转型、促进产业结构优化升级就成了政府需要考虑的关键问题。

1.1.2　研究意义

产业结构用来描述各产业的构成和各产业之间的联系和分布比例,产业结构的状况衡量的是产业间质和量的规定,是经济发展的重要因素。产业结构衡量了经济资源的分布,是资源的转换器,不同的产业结构和产业发展模式对应着不同的资源消耗和环境污染。在资源匮乏、能源紧缺、环境污染等问题不断凸显的背景下,寻求资源环境约束下河南省产业结构优化路径,协调发展资源、环境、经济系统,是地区经济转型中所面临的亟待解决的重大问题,因此,探究资源环境约束下的河南省产业结构优化问题具有重要的理论和现实意义。

(1)丰富和完善产业结构理论的区域性分析。已有的文献资料主要是研究我国或其他省份资源环境约束下的产业结构优化问题,有关对河南省问题的研究,要么侧重于资源环境问题,要么侧重于产业结构优化问题,系统地研究资源环境约束下河南省产业结构优化问题的还不多见,针对河南省经济发展过程中资源环境约束不断趋紧所带来的可持续发展问题,结合经济学、地理学、生态学等交叉学科理论,对资源环境约束下的河南省产业结构优化问题进行系统性的研究,这在一定程度上丰富和完善了产业结构理论的区域性分析。

(2)对于正确认识河南省的经济社会发展水平,协调资源环境问题具有重要现实意义。以往在地区发展中往往忽视增长与发展的差异,忽略增长对资源、环境产生的负效应。本书通过对河南省产业结构演变的资源、环境效应进行分析,研究河南省产业结构、资源消耗与环境污染之间的关系进行分析,反映出河南省经济增长的资源、环境代价,可以全面、准确地反映出河南省经济社会发展水平。

(3)通过对资源环境约束下河南省产业结构优化问题的研究,在探讨资源环境与产业结构关系的基础上,分析河南省资源环境状况和产业结构特征,并对河南省资源环境承载力、产业结构的资源环境效率等问题进行评价,提出资源环境约束下河南省产业结构的优化方案和对策建议,为河南省产业结构调整政策以及资源节约和环境保护的相关政策提供理论依据和决策参考。

1.2 国内外研究综述

1.2.1 国内外有关资源环境约束问题的研究

(1)经济增长理论中的资源环境观

最早把资源观引入经济学的范畴,并把资源视为经济发展的客观因素的是古典经济学创始人之一威廉·配第,其提出"土地为财富之母,劳动创造财富的能力受到自然条件的限制"的著名论断,并把劳动看作经济增长的主要源泉,把资源环境看作是客观既定的因素。这一观点对后来的经济学家产生了深刻的影响,致使古典经济学开始对资源环境因素进行思考。马尔萨斯在著名的《人口原理》中提出,食品生产由于受到土地禀赋制约只能按算术级数增长,人口会呈几何级数增长,因此,土地禀赋会产生对人类发展的限制,但他却忽视了人类有意识的资本形成活动和技术进步。李嘉图(1817)则认为,不存在土地资源的绝对稀缺,只存在相对稀缺。此外,李嘉图还认识到技术进步在改良土壤以提高土地自然力和提高劳动生产率的积极作用。约翰·穆勒则把稀缺土地资源延伸为更广义的资源,认为自然环境、人口和财富应保持在一个相对平衡的状态。

当经济学迈入新古典经济学,对资源环境约束问题的认识也经过了忽视资源到新马尔萨斯主义,再到重视资源的态度演变。在 20 世纪 70 年代以前,西方工业化国家并没有爆发因资源稀缺而导致的经济停滞,所以包括马歇尔在内的很多经济学家都认为资源环境对于经济增长而言,并不是一种重要的生产要素。如 Solow(1956)的新古典增长模型假设生产函数对资本和劳动而言是规模报酬不变的,将长期增长归因于外生的技术进步。

伴随着 20 世纪 70 年代能源危机和粮食危机的爆发,以罗马俱乐部的报告《增长的极限》等为代表把人们对资源环境关注的焦点转移到了资源耗竭和环境污染问题,引起人们对资源要素和传统新古典经济增长函数的反思,并对传统新古典经济增长函数进行修正,把资源作为经济增长的一种重要支撑因素,将其纳入生产函数中。如 Solow(1974),Stiglitz(1974),Dasgupta&Heal(1979)运用新古典增长模型对可耗竭资源的最优开采和利用路径进行研究。Scholz&Georg(2000),Grimaud&Rouge(2003)等开创性地将资源、环境等因素纳入内生增长模型。Barbie(1999)则研究了内生的经济增长和资源缺乏之间的关系,认为内生的经济增长能够克服自然资源的不足。Schou(1995),Scholz&Ziemes(1996)建立了包括不可再生资源在内的内生增长模型(以研发为基础)。Tsur&Zemel(2005)在考虑到如何消除资源约束对经济增长的负面影响基础上构建了干中学的内生增长模型。彭水军、包群(2006)将自然资源引入生产函数,构建了一个四部门(包括完全竞争的最终产品部门、垄断性生产的中间产品部门、研发部门、自然资源开采部门)内生增长模型,详细分析了人口增长、自然资源耗竭、研发创新与经济可持续增长的内在机理。陶磊、刘明朝等(2008)采用最优控制理论建立了一个包含可再生资源的内生增长模型并得出稳态增长解。

随着资源环境问题的日益凸显,如何寻找经济增长可持续路径变成了一个重要的命题。上述研究考虑自然资源约束的经济增长模型中多将自然资源设定为初始储量给定且不可再生。Dina(2013)则认为,由于技术进步,自然资源可以通过社会投资而获得再生。朱函葳(2014)从长期视野综合分析环境恶化、技术进步、人口增长、资本积累对经济增长路径的影响,认为资源环境保护、技术进步等相应降低了生产对资源环境的依赖。

(2)资源环境承载力相关研究

承载力最早源于古希腊的工程地质领域,指地基所能承受建筑物荷载的最大能力。随着资源环境问题的凸显,承载力变成资源环境科学研究的一个重要范畴,它是衡量资源环境状况和环境容量受人类生产生活活动干扰能力的一个重要指标。早期的承载力研究与生态学的发展密切相关。学者第一次正式使用承载力概念的是 Hadwen 和 Palmer 合写的一篇放牧管理方面的文章,后来有些学者将其引入了草原管理中。1921 年,帕克和伯吉斯就在有关的人类生态学杂志中提出了承载力的概念,即某一特定环境条件下(主要指生存空间、营养物质、阳光等生态因子的组合),某种个体存在数量的最高极限。随着人口的增加,粮食问题的凸显,土地承载力概念被提出,学者们从人地关系的角度研究土地资源对人口承载限度的影响。如 William(1940)首次提出土地承载力的概念,认为土地为人类提供饮食住所的能力决定于土地的生产潜力。Odum(1953)将承载力概念与对数增长方程特别是其中的常数 K 相联系,赋予承载力概念比较精确的数学形式。20 世纪 60 年代以后,资源短缺问题已不仅仅局限于土地问题,开始扩大到能源、淡水、矿产等资源的各个方面,引起资源与环境承载力相关研究的广泛开展。如世界环境与发展委员会于 1987 年发表了《我们共同的未来》,提出可持续发展概念,为资源环境承载力研究奠定了基础。在国外研究基础上,我国学者惠泱河(2001)、王友贞(2005)、潘兴瑶,夏军(2007)等进行了水资源承载力评价指标的研究;许联芳(2009)、修丽娜(2010)等建立了土地资源承载力评价指标体系;姚治华等(2010)、李树文(2010)分别建立了地质环境承载力评价指标体系。随着资源环境问题日益复杂,单一资源要素承载力的缺陷日渐凸显,资源环境综合承载力的研究逐渐取得一定的成果。叶京京(2007)、孙顺利(2007)、魏文侠(2010)、王振波等(2013)、周侃等(2015)、陈丹等(2015)、郭轲等(2015)等分别建立了不同区域资源环境承载力评价指标体系。

1.2.2　国内外有关产业结构优化问题的研究

(1)产业结构优化的经验规律研究

国外学者早在 17 世纪就开始对产业结构的问题进行研究,如古典经济学家威廉·配第在其著作《政治算数》中指出了产业间资源流动的现象。后来的经济学家费希尔、克拉克等从不同角度对产业结构理论进行研究,如费希尔在 20 世纪 30 年代确立了三次产业分类法,克拉克在 20 世纪 40 年代运用三次产业分类法提出了著名的“克拉克定理”。美国经济学家钱纳里(H. B. Chenery)在考察产业结构转换主要变量的基础上,确定了人均国民生产总值、人口与 GDP 市场占有率的关系。德国经济学家霍夫曼(Hoffman)研究了工业部门的结构变动规律,提出了霍夫曼工业化经验法则,即霍夫曼定理。美国经济学家罗斯托(W. W. Rostow)提出主导产业扩散效应理论和经济增长理论。赫希曼的贡献在于在 1958 年出版的《经济发展战略》一书中提出了选择主导产业的“产业关联度标准”。在刘易斯二元经济结构模型的基础上,费景汉(John C. H. Fei)和古斯塔夫·拉尼斯(Gustav Ranis)认为由于农业生产率的提高而出现农业剩余,有利于农业部门劳动力向工业部门的流动,从动态角度研究了农业和工业均衡增长的二元结构理论。日本经济学家赤松要遵循产品生命的变动周期,指出落后国家实现产业结构高级化的路径,提出"雁行形态学说"。

(2)产业结构优化的影响因素研究

产业结构优化的影响因素有很多,包括需求因素、供给因素、国际贸易、技术进步等方面。Curtis & Murthy(1998)、Laitner(2000)、Kruger(2008)、Foellmi & Zweimuller(2008)、Buera & Kaboski(2011)等从需求收入弹性角度分析了产业结构变动的影响因素,在多部门框架下,利用恩格尔定律分析了产业结构变化的需求方面的原因。Baumol(1967)、Ngai & Pissarides(2007)、Notarangelo(1999)、Mickiewicz & Zalewska(2001)等从不同产业部门间技术进步率存在差异等角度论述了产业结构变化的原因。Acemoglu & Guerrieri(2008)则利用两部门一般均衡模型,解释了产业间投入产出弹性差异引起产业结构变化的作用机制。随着全球化影响的日益深入,越来越多的学者如 Hsich & Klenow(2007)、Matsuyama(2009)等认为全球化对产业结构影响是巨大的。实际上,Lucas(1988)在具有物质资本和人力资本的两部门内生增长模型中,就曾探讨过国际贸易对产业结构的影响。Grossman & Helpman(2005)分析了国际贸易对高技术产业和传统产业的影响。Matsuyama(2009)则运用李嘉图模型和比较静态分析方法分析劳动力在不同替代弹性和部门间重新配置对产业结构带来的变化。国内学者郭克莎(2000)认为外商直接投资的结构性倾斜加剧了产业结构的偏差,提高了我国三次产业发展水平。江小涓(2002)则认为 FDI 对我国的产业结构影响不甚明显。陈讯、高远东(2006)运用动态方差分解和协整分析研究了 FDI 对我国产业结构的影响存在长期的稳定协同关系。李文臣、刘超阳(2010)则通过实证分析,发现 FDI 促进了产业结构变动。刘益诚(2012)从产业集群、FDI 技术溢出效应、产业集聚升级角度论述了 FDI 对产业结构优化的影响机理。杨安(2013)从关联效应、传导机制方面分析了 FDI 影响东道国产业结构优化升级的机理,并构建了产业结构优化升级的测度指标。傅缨捷(2015)则从贸易和金融角度,解析了中等收入国家产业结构优化的影响因素。

1.2.3　国内外有关资源环境约束下产业结构优化问题的研究

（1）资源约束下产业结构优化问题研究

伴随着经济发展所产生的资源消耗使得资源短缺问题日益凸显,学者们逐渐关注资源约束下的产业结构优化问题。如陈国阶(1994)指出资源开发利用和产业结构变化的密切关系。李莉(2011)分析了资源约束下唐山市的产业结构优化问题并评估了2007年唐山市产业结构的资源消耗状况。很多学者从单一资源出发,分析了单一资源约束下区域产业结构优化问题。如 Roberts、Mitchel & Douglas(2006)指出,澳大利亚的所有大城市和大多数城镇都位于水源附近,农业生产、采矿业,以及很多工业和服务业都把水作为最主要的生产投入。刘昌明、王红瑞(2003)、董林、陈璇璇(2006)、关伟(2007)都从不同角度对水资源与经济社会协调关系进行了研究,得出了相似的结论。李周、包晓斌(2004)通过对一些发达国家的截面资料进行研究,拟合经济发展与水资源利用的关系,得出水发展与经济发展呈现一种倒"U"形关系。贾绍凤、张士峰等(2004)、马静等(2007)、蔡继、董增川、陈康宁(2007)、崔志清、董增川(2008)和王福林,吴丹(2009)、曹雪、阿依吐尔逊·沙木西等(2011)、陈妍彦、张玲玲(2015)等在区域产业结构发展趋势及其演变规律基础上,建立基于水资源优化配置的区域产业结构动态演化模型。

（2）环境约束下产业结构优化问题研究

在环境约束下对产业结构优化问题的研究,主要集中在产业规划、区域产业结构调整方面。如周景博(2001)分析了北京产业结构演变的环境效应,认为第二产业的环境影响远大于第一、三产业。郑爱榕、李俊等(2001)分析了晋江市5种工业结构调整方案下所产生的污染排放量,并提出经济环境效益兼顾的工业优化结构方案。王剑婷等(2005)将环境价值和容量两个概念引入到产业规划中,提出了经济效益和环境效益相结合的绿色效益率提升和产业规划方案。刘文新等(2007)强调了资源型城市产业结构演变所带来的环境效应的独特性。赵雪雁(2007)利用生态足迹法和生态环境影响指数计算了甘肃省产业结构演变的生态环境效应。李玮、赵国浩(2010)对陕西省 34 个工业行业的污染排放强度进行综合评价。由于产业结构不合理会带来生态环境恶化已经达成共识,所以近年学者侧重于分析如何利用环境规制手段实现产业结构优化的目的。谭娟等(2012)从产业结构视角,分析了第一、二、三产业的碳排放强度与政府环境规制之间的因果关系,认为政府环境规制对低碳型产业结构的形成具有积极影响。肖兴志、李少林(2013)利用 1998—2010 年我国 30 个省的动态面板数据实证研究了环境规制强度对产业结构升级路径的影响。梅国平等(2013)认为环境规制通过进入壁垒、技术创新、国际贸易等途径促进产业结构变迁。

(3)资源环境双重约束下产业结构优化问题研究

资源禀赋是区域经济发展和产业结构的基础性要素,产业结构的变化会影响生态环境,而生态环境变化又制约了产业结构的发展,因此,资源环境与经济关系是否协调是产业结构实现合理化发展的必要条件。毛汉英等(2002)利用层次分析法和投入产出法等对三峡库区支柱产业选择进行了分析。李文君、杨明川等(2003)通过对环境影响机制的分析,提出唐山市应以产业结构优化升级化解资源环境问题。刘希宋、李果(2005)提出在资源环境约束下,哈尔滨市应建立以科技含量高、资源环境消耗低产业为主的新型工业结构。金碚(2008)认为应通过工业化的资源路线来获取产业竞争力。涂正革(2008)分析了环境资源与工业增长的协调性。刘宇(2012)、李芳(2013)、李益敏、张丽香等(2015)分别分析了资源环境约束下辽宁、新疆和怒江州农业的产业结构优化问题。

1.2.4　相关研究文献述评

(1)国内外有关资源环境约束问题的研究

资源环境观的演变,来自现实经济发展中对于资源环境作为经济要素认知的变化。随着经济发展,资源稀缺性和环境恶化问题越发凸显,理论上对资源环境问题的重视就会越来越强。无论是古典、新古典经济学中关于资源约束问题与经济增长问题的认识,还是现代资源环境综合承载力的研究,都侧重于分析资源环境与经济增长的协调性。古典、新古典经济学对于资源环境问题的研究中最大成绩在于充分认识到了技术进步的重要性,但总体上以理论模型构建和逻辑推导验证阶段,缺乏公认的分析,未形成公认的观点。资源环境承载力理论自提出以来,一直都是学术界研究的热点和难点。目前我国资源环境承载力研究应用较多的是在区域、城市和土地资源领域,与具体行业和产业结构的分析并不多见。

(2)国内外有关产业结构优化问题的研究

国内外学者对产业结构理论的研究更为成熟,成果比较丰富,多运用投入产出分析法、系统动力学、一般均衡模型等从产业结构优化演变规律,产业结构优化的定量评价角度分析产业结构优化问题,并取得了许多卓有成效的研究,相对于国内学者,国外学者对产业结构优化的理论研究开始得更早,研究得也更为深入透彻,对发达国家的产业结构演进规律有一定的参考价值,但针对特定区域产业结构演进规律和趋势缺乏绝对的解释力。从研究角度看,传统的产业结构研究多限于产业结构的经济增长效应。但近年来,产业结构研究角度在不同的时代背景和经济发展水平上呈现出多样化的发展趋势,研究不断深入和细化。针对当前比较突出的资源环境问题,如何针对产业结构变化所带来的资源消耗和环境污染问题并进行矫正,实现产业与资源环境协调发展的研究探讨不多。

(3)国内外有关资源环境约束下产业结构优化问题的研究

在进行资源环境约束下产业结构优化问题的研究时,国内学者多从资源环境与产业结构的关系出发,主要研究区域内产业结构与资源的关系,或产业结构调整产生的资源环境效应。现有研究或只注重资源或只注重环境一个约束,没有将资源约束和环境约束放到平行的位置上来,从资源环境双重约束下考察某一地区的产业结构优化问题的虽并非没有,但较为少见。系统研究资源、环境与产业结构之间的关系,从产业结构优化的视角达到节约资源、减少污染排放和促进经济可持续发展的系统分析更为少见。

1.3　研究内容与方法

1.3.1　研究内容

(1)河南省产业结构现状与资源环境基础

河南省是我国的工业大省,其地理位置优越、自然资源充裕,拥有大量的煤炭、天然气、矿产资源等。经济系统的完备性、经济实力的雄厚性、人力资源的充裕性以及交通运输的便利性都使河南省成为名副其实的经济大省。伴随着工业的快速发展,河南省的资源消耗量在急剧增加,与此同时,工业生产所产生的废弃物对环境的污染程度也在加重,面临资源短缺、环境污染等问题。拟从产业结构、资源环境现状和问题入手分析河南省产业发展带来的资源环境问题,并分析产业结构变化所带来的生态环境效应。

(2)河南省资源环境承载力研究

资源与环境是河南省经济发展面临的两个重要约束,在上一部分完成的基础上,以河南省 18 个主要城市(包括郑州、开封、洛阳、平顶山、安阳、鹤壁、新乡、焦作、濮阳、许昌、漯河等)的资源环境承载力为研究对象,以集对分析为主要分析方法,量化资源环境承载力指标,各城市之间相互比较,为城市发展提出理论性建议和政策。

(3)资源约束下的河南省产业结构优化研究

资源的分类有很多种,包括土地资源、水资源、能源、矿产等,由于数据可得性的限制,本部分以能源约束和水资源约束为例,分析河南省产业结构优化问题。首先以能源约束为例,分析河南省能源消费、能源效率与经济增长问题以及河南省产业结构优化对能源效率改进的贡献。其次以水资源约束为例,分析河南省用水结构的演变,及水资源利用和产业结构优化的互动机理,并分析河南省用水结构和产业结构的关联度和生态位配置问题。

(4)环境约束下的河南省产业结构优化研究

鉴于环境问题主要和工业化发展演变的关联性,本部分首先分析河南省环境质量与工业发展的相关性,其次分析在环境规制下国内外产业结构优化的经验借鉴与规律性问题,最后深入分析环境规制对河南省产业结构优化升级传导机制。

(5)以制造业为例分析河南省产业结构优化影响因素与路径选择

目前的中国经济结构主要体现为"二、三、一"结构,且工业的"三废"排放对环境污染造成的影响最为突出。作为我国中部地区的制造业大省,河南省制造业中的优势产业多是依赖于当地丰富的自然资源和劳动力等具有比较优势的资源禀赋而发展起来的,但同时也体现出了很多问题,如对资源和能源消耗的依赖程度过高,环境污染问题比较突出等,实现制造业的转型升级,对于破解资源消耗环境难题至关重要。因此,本章以制造业为例,研究河南省产业结构优化升级的影响因素与路径问题。

(6)资源环境约束下河南省产业结构优化的制度保障措施

结合前面分析,从政策措施、制度保障措施两个方面分析资源环境约束下河南省产业结构优化的制度保障措施。首先从第一、第二、第三产业方面提出促进产业结构优化的政策措施,其次从多途径矫正环境劣势和不对等、采取多种产业规制措施、完善公众参与制度等提出促进河南省产业优化的制度保障措施。

1.3.2 研究方法

(1)生态位分析和集对分析等数理方法。以资源环境紧约束的河南省为例,结合生态位分析和集对分析等数理方法,对河南省资源环境承载力、水资源在行业间的利用结构进行分析。

（2）定性分析和定量分析相结合。定性分析产业结构优化内涵、生态伦理要求，通过集对分析、关联分析等定量分析河南省资源环境承载力，并通过量化分析河南省产业结构变动所带来的生态环境效应。

（3）多学科研究方法相结合。综合运用城市生态学、管理学、资源经济学、系统科学以及数理统计、综合评价、数值模拟等多学科的理论与方法进行系统的研究。

第 2 章　资源环境与产业
结构作用机理

2.1　经济、工业发展与资源环境关系变迁

2.1.1　经济系统、资源环境系统与"EKC"理论

（1）经济系统与资源环境系统的内在联系

经济系统与环境系统二者从属于不同的体系，每个系统内部又包含着多种因素。经济系统按照不同的标准又有不同的分类，根据广义与狭义之分，在狭义上的经济系统是指社会再生产过程中的生产、交换、分配和消费各环节的相互联系及相互作用的若干经济元素所组成的有机整体，这也是经常所提到的分类标准。而资源环境系统在一般意义上则是指包含水土等资源、大气环境、水环境、土壤环境及生物环境等在内的多种环境要素之间的相互作用、相互影响的综合体。经济系统与环境系统之间是对立统一的，二者既相互制约又相互影响。

首先，经济发展、资源环境系统是彼此依托、相互推动的。一方面，在 21 世纪我国所提倡的思想是可持续的经济发展，这一思想中最大的特点就是将环境作为经济成本的一个部分，因而对环境的保护便成了降低成本、提高经济效益的途径。经济发展速度的持续性与稳定性，也更是依赖于自然资源的丰富性和持续生产能力，因而保护和改善环境提供了经济稳定持续发展的物质基础。另一方面，我们今天所提到的环境保护，不是单指对环境的保护或消极防治，更多的则是指在对环境进行保护的前提下，对

其进行合理的开发和利用。因而为了更好地促进两者之间的平衡发展,我们就需要以经济持续的发展来为环保提供物质上、技术上的条件。由此可见,经济发展和环境保护是相辅相成、密不可分的关系,两者完全可以并行不悖。

其次,经济发展与资源环境系统两者之间又存在一定的矛盾性。由于经济发展对自然资源的需求是无限的,而环境所能提供的自然资源则是有限的,两者之间的供求矛盾会不断地深化。另外,随着经济的发展,特别是工业化程度的加深,再伴随着经济发展方式、结构和规模的变革,经济系统会向环境系统排放大量的废物,尤其是以工业"三废"为主,它对环境的污染非常严重。然而,因为环境对废弃物的承受能力是有限的,在工业化发展的过程中,当所排放的废弃物数量超过环境的承载力时,这将会导致环境质量的极度下降。

总之,通过上面的分析,我们可以看到经济系统与资源环境系统之间存在着矛盾统一的关系。

(2)经济发展与环境质量的"EKC"理论

在上面所得到的是有关经济与环境系统之间的内在联系,它揭示出工业化发展水平与环境质量之间存在的基本关系。接下来我们将利用环境库兹涅茨曲线理论对两者之间的关系进行具体的分析,从而更好地描绘两者之间的动态变化趋势。

库兹涅茨曲线(KC)的假设最初是由美国经济学家西蒙·库兹涅茨在 1955 年提出来的,这一曲线是用来表示收入水平和收入不平等的关系的,结果显示两者呈倒"U"形,并且呈现出收入不平等在国家收入水平很低时趋于严重,收入处于中等水平时趋于稳定,随后则趋于平等的现象。后来,环境经济学家从研究中发现,在经济发展过程中,环境也同样存在先恶化后改善的情况。1992 年,格鲁斯曼(Gene Grossman)和克鲁格(Alan Krueger)收集了 66 个国家内不同地区的数据,并选取了这些地区内的 14 种空气污染浓度和水污染浓度数据,最终研究了它们与人均 GDP 之间的关系。研究结果表明:大多数的污染物质与人均 GDP 之间的变动趋势间呈现出倒"U"形关系,即污染程度会随人均 GDP 的增加表现为先增加后下降的趋势;当处于中等收入水平时,污染程度达到峰值。根据以上研究结果,他们在 1995 年发表文章并提出了环境库兹涅茨曲线(Environmental Kuznets Curve,EKC)假说。

EKC 曲线是用来表示在没有一定环境政策干预时,一国环境质量与经济发展之间的关系,二者的关系可用图 2-1 表示。从图中我们可以看出,在垂线的左边,环境质量随着人均收入水平的提高而恶化,两者表现出明显的不协调;在垂线的右边,环境恶化的速度则表现出逐渐降低的趋势,环境质量会随着人均收入水平的提高而改善,两者之间表现出明显的正相关。

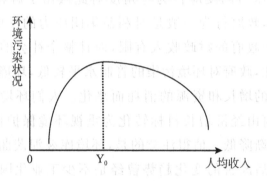

图 2-1　环境库兹涅茨曲线

EKC 曲线一般意义上是以人均收入作为经济发展的评价指标,研究它与环境污染物排放量之间的关系。但人均收入指标作为研究对象又具有一定的片面性,这是因为影响环境质量的经济因素不仅有人均收入,而且还包括产业结构、就业结构和出口结构等;在工业化迅速发展的今天,对环境质量影响日益显著的因素主要就体现在这些反映工业化发展水平的经济因素上。因此,在这里我们有必要扩大 EKC 曲线模型中人均收入这一经济评价指标的概念,并且使用工业化发展水平综合评价指数来进行代替。由于工业化发展水平评价指标也属于经济系统的指标,因此它与环境污染物排放量之间的关系仍应遵从 EKC 理论。

对于环境库兹涅茨曲线,不同经济学家从不同角度解释了含义。Grossman & Kruger(1995),Panayotou(1997)等从经济结构改变的角度解释了 EKC 现象。他们认为,经济的增长需要更多的资源消耗,随着工业化的加快,快速消耗的资源产生了大量的废弃物,从而导致环境的质量下降,随着经济的发展和产业结构的升级,当主要经济活动从高能耗高污染的工业产业转向低污染高产出的服务业、信息业等第三产业时,原先那些污染严重的技术由较清洁技术所替代,从而改善了环境的质量,使环境与经济发展的关系呈倒"U"形曲线。Selden & Song(1994),Moomaw & Unrush(1992),Antler(1995),McConnell(1997),Boyec(2002)分别从科技进步、市场经济和资源配置、环境服务的消费倾向、政府对利益集团压力的反应行为等角度对此做出了解释。如 Boyec(2002)认为,政府行为一般是对利益集团压力的反应,在经济发展初期,由于政府的财政收入有限,而且整个社会的环境意识还很薄弱,因此,政府对环境污染的管制水平较低,环境受污染的状况随着经济的增长和资源的消耗而恶化。人们环境消费需求的变化,使政府由经济增长目标转化为重视环境保护目标,环境污染的程度逐渐降低。值得注意的是,环境库兹涅茨曲线中环境的这种先恶化后改善的变化趋势曾经是不少工业化国家在经济发展过程中走过的道路,但学术界关注环境库兹涅茨曲线却并不认同这种"先污染后治理"是经济发展过程中不可改变的规律,即这种"先污染后治理"的模式并不具有普适性。大多数学者认为,环境库兹涅茨曲线的转折取决于一系列人为活动的影响,人为活动对环境越亲善,环境库兹涅茨曲线的转折点就会出现得越早,反之亦然;当生态环境不可逆,其阈值不可确知为何值的情形下,最好的办法是尽早采取污染治理措施,以避免环境遭遇被破坏到无法恢复的窘境(李周等,2008;曲格平,2006;张红凤等,2009)。

发达国家完成了工业革命,已进入经济发展高级阶段。其经济发展过程中付出了"先污染后治理"的沉重代价,现阶段环境污染均得到改善。但是发展中国家由于经济发展水平较为落后,既要克服贫穷,又要加快经济增长,实现工业化,这种双重的经济发展任务,使得发展中国家不得不面临"既要治理贫穷,又要治理污染"的双重压力,"贫穷"与"污染"的根源在于经济发展停滞不前,工业化程度低,而人口又在不断地增加,人均消耗的粮食、淡水和其他必需的资源日益增长。

我国是一个发展中大国,摆脱贫穷和实现工业化是我国经济发展的核心。然而,由于人口众多和人均自然资源稀缺,以及"二元结构"经济的存在和区域经济发展的不平衡,使我国经济增长同样面临着"贫穷与污染"的两难选择。

2.1.2　经济发展、主导产业与环境污染特征

(1)经济发展阶段、主导产业与环境污染

在经济发展的初期,农业作为国民经济中的主要部门,除提供以食品为主的生活资料和农业生产资料外,还要为工业资金提供积累,否则工业化就很容易陷入"李嘉图陷进"。[①] 由于农业的低资源环境消耗特点,这时以农业为主导的经济发展对生态环境影响并不大。在经济发展的中期阶段,随着工业部门的实力增强,开始逐渐减少对农业的依赖,以工业为主导的经济发展对资源环境依赖性比较强,环境污染呈现出逐渐加剧的状态。到了经济发展的高级阶段,工业部门已经发展壮大,人们对环境消费的需求增加,更加关注经济的可持续发展,环境污染会有所改善。具体见表 2-1。

(2)工业发展、资源消耗和环境特征

从理论上来看,资源的稀缺性是现代微观经济学的基本命题。由资源稀缺性所引起的各种理论与实际相违背的问题都是一些研究者的工作。从实际来看,人类需要同自然环境发生直接或者间接的关系,离开了资源环境,人类就无法生存。人类需要从自然中获取用于自身发展所需要的物质,但是随着人类社会的发展,人口的剧增,人类的需求不断增加,相对于人类无穷无尽的

---

① "李嘉图陷阱"是指工业化初期阶段工业与农业两部门的一种经济发展关系,即农产品价格上涨,进入工业部门推动工业部门成本上升和利润率下降,要阻止利润下降就必须降低农产品价格。

需求而言,任何资源都是稀缺的。

表 2-1　经济发展阶段及环境污染特征

发展阶段	消费需求	主导产业	产业间比重	环境污染特征
经济发展初期	重视食品数量需求	农业	I > II > III	污染程度较低
经济发展中期	转向耐用消费,大幅增加商品和劳务服务,开始重视环境商品和服务需求	钢铁、化工、电力、汽车、机电	II > III > I	污染程度加剧
经济发展后期	转向文化、高等教育、享乐和环境需求	高新技术和第三产业	III > II > I	污染改善

注:作者根据相关资料(李海鹏. 中国农业面源污染的经济分析与政策研究[D]. 华中农业大学博士学位论文,2007)整理而得。

一方面,人类社会的存在和发展离不开消费物品,而消费物品又来源于生产资料。同时人类的需求不是固定不变的,而是随着时间的推移和社会的发展呈现一种变化的现象,人类需求的变化是多样的、无限的。另一方面,资源具有有限性和分布的不均匀性的特点。资源的分布不均匀性主要分为两个方面:一是相对于不变的、固定的资源来看,人类的需求总是变动的、不稳定的。人类在面对不同的选择时,总是会根据自己的意愿或者想法来选择对自己而言会有更大收益的路径,选择了路径也就选择了与之相对应的资源。二是世界上的资源在地球上的分布是有差别的。资源在不同的国家、地区、城市之间的分布是不均匀的,由于资源是有限的,各个国家都要实施可持续发展战略。经济可持续发展就是指在一定的资源环境基础上,取得尽可能大的当前收入,并能保证以后的收入不减少且持续增长。

过去我们对资源的稀缺性问题没有给予重视,在工业生产和经济发展过程中我们只注重经济效益忽略了环境和资源效益,导致了现在我们面临资源环境阻碍经济发展的现状,经济和工业发展受到了资源有限性和环境承载力的严苛制约。

首先,工业发展的选择路径面临资源环境的制约。工业革命是一把"双刃剑",在给人类带来经济发展的同时也带来了不容忽视的环境问题。在工业发展道路的选择中,我们应该走"先污染,后治理"的道路,还是走一条工业发展与资源环境协调发展的道路,这是我们面对的不容忽视的问题。

以蒸汽机的发明为标志的第一次工业革命开始于 18 世纪中叶,它将人类由原来的手工工场带进一个机器时代,它是人类历史上一次伟大的技术革命。自 18 世纪后期改良蒸汽机投入使用,大大提高了生产效率,大大发展了生产力,人类进入了"蒸汽时代"。伴随着蒸汽机的大量应用,煤炭成为了重要的使用能源。19 世纪 70 年代,发电机、电动机的发明和使用促使了第二次工业革命,人类进入了"电气时代"。大量的电车、汽车、电话、飞机等开始出现并投入使用,这必定会带来大量的电力、石油的开发和使用。第三次工业革命开始于 20 世纪四五十年代,伴随着原子能、计算机、航天工程的发展,人类进入了"信息时代"。第三次工业革命不仅创造了巨大的生产力,推动了经济的发展,还推动了新能源产业的发展,如:原子能、核能等能源;这些新能源的使用在一定程度上会缓解资源短缺和改善环境污染问题。

表 2-2　工业化进程与环境质量变化关系

时期	技术水平	能源消耗	环境质量
前工业化时期	农耕技术	木材	环境质量优良
工业化初期	蒸汽机、机械制造	煤炭	环境开始污染
工业化中期	火力发电、化学工业	石油、钢铁	环境污染加重
工业化后期	电子技术、生物技术	新能源	环境污染改善

资料来源:吴英娜.工业化与环境演变[M].北京:现代教育出版社,2008.

由表 2-2 可知:在工业化时期以前,虽然人类技术比较落后,但是环境质量很好,人与自然能够和谐相处;在第一次工业革命之后,随着蒸汽机的发明与使用,煤炭的使用量大幅度增加。由于燃烧煤炭会产生大量的粉尘和有害物质,环境污染问题开始出现;第二次工业革命使人类进入"电气时代",与此同时,在工业生产过程中消耗了大量的石油和钢铁等。工业的进一步发展导致环境污染问题的进一步恶化;第三次工业革命给资源短缺、环境污染等问题带来了一丝曙光。第三次工业革命更加注重信息技术和生物技术等,对资源环境的依赖性较小,这在一定程度上可以改善资源短缺和环境污染问题。工业革命不仅仅消耗了我们赖以生存的自然资源,还带来了环境污染问题。这主要体现在以下几个方面:

一是煤炭、石油的大量开采和使用,排放大量的粉尘和有害物质。回顾工业革命历史进程,煤炭、石油成为主要的能源消耗。煤炭和石油一方面给工业革命的发展带来了动力能源,另一方面由于大量燃烧煤炭、使用石油,排放出过多的工业废气和有害物质,这给环境带来了巨大的伤害。例如,在英国工业革命时期,就有人描述谢菲尔德是烟尘环绕、乌烟瘴气的城市。除此之外,当今社会,我们在重工业区还可以见到大量烟尘排放的现象。据有关研究表明,人类吸入大量的烟尘会带来肺部疾病。由此可见,大量烟尘和有害物质的排放严重污染了与人类息息相关的环境。

二是水环境的污染。工业革命带来了工业的迅猛发展,然而大部分工业生产都会产生废水。例如,化工厂大多是在水源较为充裕的地方建厂,他们利用较近的水源来满足工厂发展的需要,同时产生大量的工业废水。由于废水处理系统不够完善,好多工厂直接将工业废水排进附近的河流,使河流遭到严重的污染。2012年12月31日,山西长治苯胺泄漏污染河流事件,导致了漳河流域水源被严重污染,致使河流沿岸80公里的人民饮用水停止。并且由于河北省的邯郸市处于其下游位置,漳河流域水体的污染也导致了邯郸市大面积停水。经过全力抢救,到2013年1月邯郸市基本恢复居民正常用水。由此可见,由工业革命带来的水环境污染问题的严重性。它不仅会影响工业生产,而且会影响人类的生活。

三是工业发展带来的自然环境和城市环境问题。在工业革命发展过程中,采矿业、钢铁制造业、建筑业蓬勃发展起来。这些产业的发展导致森林的乱砍滥伐问题严重以及土地环境的污染与破坏。森林植被的大量削减带来了风沙入侵、水土流失、旱涝灾害的现象;工业的发展促进了城市化的进度,人类集中在一片城区生活,产生了大量的生活垃圾,严重污染了人类的生活环境。除此之外,据环保部门统计,部分地区城市居民反映工业发展带来的噪声已经影响到青少年的智力发育;一些工厂工人耳聋、心脏病等疾病的发病率高达 30%。

其次,工业发展与资源环境相互影响。资源环境与工业发展是相辅相成、密不可分、相互作用的关系。资源环境是工业发展的基本前提,为工业发展提供了所需的物质和能源。工业发展对资源环境的变化起主导作用,在工业发展过程中会对资源环境产生或好或坏的影响,同时资源环境的变化又会反过来影响工业发展。主要体现在:(1)工业发展对环境的变化起主导作用。随着工业的发展和科技的进步,人类对自然界的改造能力逐渐增强,人类可以依照自己的需求来改造自然界,同时人类的社会活动也可以在一定程度上改变自然界的状况。当人类按照自然界的客观规律进行工业生产时,就可以提高资源环境质量;反之,人类在工业活动中仅仅考虑自身需求而违背客观规律,就会使环境质量不断降低。这说明了工业发展对资源环境的变化有重要影响,起着主导作用。(2)资源环境和工业发展相辅相成。一方面,良好的资源环境状况不仅可以为工业发展提供更多的资源,还可以承载更多的工业活动过程中产生的废弃物,从而进一步促进工业发展。另一方面,只有工业进步了,人类才可以利用工业产品来改善环境,建设一个更适宜人类生存的生活环境。除此之外,随着工业的发展,人类生活水平的提高,人类对良好生活环境条件的向往也越来越强,从而人类就会自觉地保护自然、改造环境,使环境质量不断提高。

再次,资源环境是工业发展的基础和制约条件。(1)资源环境是工业发展的基础。(a)工业发展是在资源环境的基础上发展起来的。在人类出现之前,资源和环境就已经存在了。人类对资源环境的利用达到一定水平之后,伴随着科技的产生和发展,工业开始逐步发展。因此,资源环境为工业发展提供了前提。(b)资源环境向工业发展提供了大量的资源、能源。作为生产过程中的原料,工业系统则把各种生产要素加工成产品,用来满足社会的需求。(c)在工业制造过程中总会伴随着一定数量的废气、废水、工业垃圾排入环境之中,而环境具有吸收并转化废弃物的技能,利用这种技能可以减少人工处理的费用。(2)资源环境是工业发展的制约条件。随着工业的进一步发展,排放的工业废弃物已经远远超出了环境的容纳能力,对环境造成了污染和损害。一方面,工业的发展破坏了与我们生活息息相关的环境;另一方面,资源环境的短缺也会反过来阻碍工业的进一步发展。同时我们的地球所能提供的自然资源是有限的,有些自然资源(水、煤炭、石油等)的数量、品质不能完全符合工业发展要求,这在一定程度上会制约工业的发展。

由此可见,资源环境和工业发展既有相互对立的一面,又有相互统一的一面,只有正确处理两者之间的关系,充分发挥资源环境与工业发展相互促进的一面,尽力减弱资源环境和工业发展相互制约的一面,才可以做到工业发展与资源环境二者的协调发展。

2.2 产业结构调整与资源环境的反思与协调机理

2.2.1 资源环境与产业发展模式演变关系的反思

综合相关研究,学者们对于资源环境与产业发展演变之间关系的研究大体经历了三个阶段:

（1）传统工业发展模式导致对资源环境问题的反思

对于资源环境研究可以追溯到 20 世纪 60 年代。当时，人类的活动对环境的破坏已达到了相当严重的程度，一批环保的先驱呼吁人们更多地关注环境问题。在传播环境意识的过程中，最早的也是最具代表性的著作是生物学家蕾切尔·卡逊所著的《寂静的春天》一书。该书首次向人类揭示环境污染对生态系统和人类社会产生的巨大破坏。它的问世对公众环境意识的形成产生了重大影响，有力推动了公众参与的环境保护运动。

20 世纪 60 年代，美国经济学家鲍丁提出"宇宙飞船经济理论"，指出我们的地球只是茫茫太空中一艘小小的宇宙飞船，人口和经济的无序增长迟早会使船内有限的资源耗尽，而生产和消费过程中排放的废料将使飞船污染，毒害船内的乘客，此时飞船会坠落，社会随之崩溃。这对传统工业经济"资源—产品—污染排放"的范式提出了批评，倡导对资源和环境的重视。他的理论最有价值之处在于指出为避免这种悲剧，必须改变经济增长方式，以循环利用各种物质为宗旨的"循环式经济"替代"线性消耗型经济"，从而解决环境污染和资源枯竭问题的设想。这就是所谓循环经济思想的源头。

20 世纪 70 年代，罗马俱乐部的梅多斯等人出版了《增长的极限》一书，其所提出的全球性问题，如人口问题、粮食问题、资源问题和环境污染问题（生态平衡问题）等，早已成为世界各国学者专家们热烈讨论和深入研究的重大问题。他们认为 21 世纪世界各国经济活动的总体经济增长将面临四大刚性约束，即：地球上有限的空间、资源稀缺的日益加剧、环境自净能力的限制和科技水平与调控世界能力的限制。他们提出降低甚至停止经济增长率进而减少资源消耗量，通过实行经济零增长建立"均衡世界模式"，以避免人类发展的瓶颈。由于停止经济增长不现实，1974年，罗马俱乐部发布了《人类处在转折点上》的报告，认为有机增长是人类未来发展的核心，按照有机增长论，人类社会应在经济、技术、生活、环境等各方面实现协同增长，而不是片面强调某一方面的增长。这一观点与现在所称的可持续发展的核心内容是相同的,自此,经济学家们开始关注资源环境的可持续利用问题。

(2)污染末端治理向资源利用全程控制的转变

到了20世纪80年代,人们注意到采用资源化的方式处理废弃物,其认识经历了从"排放废物"到"净化废物"再到"利用废物"的过程,但对于污染物的产生是否合理这个根本性问题,以及是否应该从生产和消费源头上防止污染产生,大多数国家仍然缺少认识上的提高和政策上的行动。

1987年,世界环境与发展委员会(WCED)公布了著名报告《我们共同的未来》,认为"经济发展问题和环境问题是不可分割的,许多发展形式损害了他们所立足的环境资源,环境恶化会阻碍经济发展。贫穷是全球环境问题的主要原因和后果"。该报告比较系统地阐明了可持续发展战略的核心思想。在可持续发展理论的指导下,人们的视线开始由污染的末端治理转向对资源利用的全程控制。

(3)循环经济理论的提出

在20世纪70年代,循环经济的思想只是一种理念,当时人们关心的主要是对污染物的无害化处理。80年代,人们认识到应采用资源化的方式处理废弃物。90年代,可持续发展战略成为世界潮流。1990年,英国环境经济学家皮尔斯和特纳在其《自然资源和环境经济学》一书中首先提出"循环经济"的概念。这一时期,在可持续发展理念中出现了许多新思想,环境保护、清洁生产、绿色消费和废弃物的再生利用等整合为一套系统的以资源循环利用、避免废物产生为特征的循环经济战略。

循环经济的发展理念就是要改变重开发、轻节约,片面追求GDP经济增长;重速度、轻效益;重外延扩张、轻内涵提高的传统的经济发展模式。把传统的依赖资源消耗的线性增长的经济模式,转变为依靠生态型资源循环来发展的经济模式,既是一种新的经济增长方式,也是一种新的污染治理模式,同时又是经济发展、资源节约和环境保护的一体化战略。现在,许多国家,特别是发达国家正在把循环经济作为实现环境与经济协调发展的重要途径。

2.2.2　产业结构与资源环境的协调机理

经济发展付出的代价要求人们不能只注重眼前利益,忽视长远利益和子孙后代的福祉。产业结构是实现经济增长的主体力量,从这个角度讲,区域经济可持续发展的实质取决于产业在资源和环境约束下能持久、有序和协调地发展。资源、产业、环境是区域可持续发展的关键要素,它们共同组成了资源—产业—环境复合生态系统,与自然生态系统生物与资源环境的关系相比,资源—产业—环境复合生态系统由于有了企业生产行为和人的干预,有可能引起自然生物物种比例失调,引起资源环境要素发生变异,导致资源环境问题出现。产业系统中有两个环节会对资源环境产生影响:一是生产环节,在这一过程中,通过消耗资源完成物质能量转换,以及生产过程中不可避免的废弃物的产生;二是投入产出环节,体现在各个产业部门之间的相互关联性,特别是上下游关联企业之间,资源的利用率、能量转换能力高低一方面决定了资源利用的效率,另一方面决定了对生态环境的影响。

因此,资源—产业—环境系统中,资源是整个系统的源泉,向整个系统提供物质、能量、信息等,起到支持整个系统的作用;环境是整个系统的汇集,反映了资源的利用程度以及吸收、消化系统的产品、废物的功能,决定了整个系统发展的空间;产业结构则起到一个联系的通道,输入物质、能量,输出产品、代谢物。这三者配合得当、渠道畅通,整个系统能得到协调发展。因此,资源环境与产业系统之间通过总量因子、质量因子、结构因子、功能因子联系在一起相互作用,通过影响资源环境供求关系,导致资源环境约束力的变化,最终又会反馈到整个产业系统,影响产业系统的发展速度、发展水平,决定资源环境约束力的制约程度。

总体而言,产业结构与资源结构越匹配,越能发挥系统的整体优势。在产业结构与资源环境关系中,技术创新起到非常重要的作用,由于产业创新能力存在差异性,使得产业的资源配置和利用效率能力不同,创新能力越强,产业资源配置、利用效率越高,产生废物少,与环境也越协调。因此,技术创新能够增强资源环境与产业结构的协调程度。

2.3 资源环境对产业结构的约束机理

2.3.1 资源环境对产业结构的约束方式

资源环境是产业发展不可或缺的重要因素,自然资源、资源环境是产业发展无法替代的要素,对形成合理的产业结构有重要的意义。

(1)自然资源对产业结构的约束方式

土地资源是产业发展的基石,土地具有承载能力和生产能力,是产业发展的根基。各产业必须基于土地资源利用才能发挥其效益,土地资源对产业发展具有较强的支撑作用。我国以第二产业为主导的产业结构状况使得我国土地资源紧缺的问题日益严峻,当土地资源不足,土地利用效率低下时,会降低产业的单位产出效益,制约经济的发展。

水资源的合理配置是调整产业结构的重要手段,也是发展生态经济的必然要求。各产业,特别是第一产业和第二产业对水资源较为依赖,而我国又是一个水资源极为紧缺的国家,如果不提高用水效率,就会动摇我国经济可持续发展的基础。

矿产资源与产业发展息息相关,尤其是第二产业(包括采矿业、电力、燃气等产业)基础原材料都来自矿产资源。其矿产资源作为一种不可再生资源,存在着有限性和不可再生性特点,而我国以高能耗产业为主导的传统发展模式严重受制于矿产资源的开发与利用,但我国的矿产资源相比于其他中东国家并不那么丰富,很多濒临枯竭。一旦我国的能源供给无法与产业发展相匹配,经济发展的可持续性就会受到毁灭性打击。

由于区域主导产业的形成主要依赖于资源禀赋,所以产业的资源性功能是非常明显的。土地资源、水资源丰富,可以发展农、林、牧、渔等相关产业,通过对农副产品深加工可以带动劳动密集型产业的发展;能源矿产资源比较丰富的地区,可以大力发展工业和能源密集型产业,通过密切上下游产业之间的联系可以带动资源密集型产业发展;如果光、热、风等新型资源丰富,依托这些资源可以发展新型产业,减少不可再生资源的消耗和使用;原生资源保护较好的地方可以发展旅游业等。资源与产业发展之间的关系,在经济学中不存在技术进步的情况下,表现为一种"预算约束",资源利用越合理,利用率越高,对环境的威胁就越小,对产业发展的约束力则越小。如果过度依赖和不合理地开发利用资源,就压缩了产业环境空间,超过资源环境承载力的发展模式,就会抑制产业发展的功能。

(2)环境污染对产业结构的约束方式

世界卫生组织在2016年5月发布的报告显示,全球80%以上城市空气污染超标,中低收入国家城市空气污染问题比较高收入国家严重得多。在超过10万人口的城市中,空气污染水平超过世界卫生组织标准的城市,有98%在中低收入国家。特别是一些省会城市属于污染比较重的城市,以北京、天津为首的京津塘地区,大气污染尤为严重,$PM_{2.5}$严重超标,雾霾天气频发,不仅制约了经济发展,也制约了人民群众的身体健康。

在关注大气污染的同时,对于水资源的可持续利用,是现代经济结构调整中的必然主体。各行各业的发展都离不开水资源,同时也造成了水资源的污染。目前我国水污染主要来源于第二产业的工业废水及农业中农药化肥的使用,尤其是工业废水,它不但具有量多、分布面积广的特点,而且工业废水的成分复杂,有些具有很高的毒性,难以分解和净化。水污染不仅危害人体健康,也严重制约产业尤其是第一产业的发展。由于农、林、牧、副、渔对水资源的依赖性较强,因此,水污染会造成第一产业产量严重下降。

相对于前两种污染,固体废弃物污染的危害性也不容小觑。三大产业的发展均会造成固体废弃物污染,但固体废弃物污染主要来源于第二产业中的工业固体废弃物,它具有难处理、量多、毒性高等特点。此外,固体废弃物在一定条件下会发生物理、化学或生物反应,严重污染周围环境。而且各种固体废弃物污染很可能转化为水污染、大气污染、土壤污染等多种污染形式,再一次对我国产业结构及经济赖以生存的生态环境造成严重打击。

2.3.2 资源环境对产业结构的约束效应

(1)对资源过度依赖造成的"资源诅咒"使得产业结构单一

自然资源作为重要的生产要素,对经济增长和产业结构产生具有重要的作用。丰富的自然资源对经济增长至关重要。但从17世纪的西班牙到19世纪和20世纪的俄罗斯,再到"二战"后的尼日利亚、委内瑞拉、一些海湾产油国等,这些拥有丰富自然资源的国家,与同时期其他国家相比,经济增长速度缓慢。相反,一些资源贫乏的国家,如17世纪的荷兰,19世纪的瑞士、日本以及第二次世界大战后新兴工业化经济体都表现出了强劲的增长态势。究其原因,单一的资源型过度依赖的经济发展模式容易使资源丰富的地区产生"资源诅咒"问题。即资源部门的扩张和制造业的萎缩必将降低资源配置的效率。例如我国能源大省的产业结构特征就是以采掘和原料工业为主的工业比重过大,各类产品的加工链很短,中间产品比例高,最终消费比例低,挤占了技术含量高和附加值高的最终产品工业和高新技术产业的发展。资源部门的扩张在一定程度上会"挤出"制造业,而中国过去正是工业尤其是制造业加快发展的时期。

(2)资源环境约束变强带来的产业结构优化效应

资源环境为产业发展提供必不可少的各种自然资源,还对产业发展产生的废物和废能量进行消化。如果人类的生存环境遭到破坏,人类的生存就会受到威胁。因此,当环境忍受或消除外部影响的能力达到一个极限,其就开始发挥约束作用,对产业发展产生影响。资源环境对产业发展的约束效应一方面体现在区域资源环境经过合理配置和供需平衡后,保证了基本的生态需求,但不能满足生产、生活需求,从而延缓了产业发展的进程;另一方面为了满足区域产业结构调整的需求,区域生态、生产、生活的资源未经合理配置,不断挤占生态环境需求,造成生态环境恶化,从而延缓了经济的发展。为此,应采取必要的措施以适应产业发展对生态环境保护的需要。

资源环境作为区域产业结构优化的一项约束条件,实质是指区域产业结构优化要依据资源环境情况来进行,而且资源环境约束强度存在着由弱环境约束演进到强环境约束的变动性。世界经济发展的一般规律表明,随着经济不断发展,资源环境约束力会逐渐增强。在区域产业结构优化过程中,正确判断资源环境对产业发展的约束程度及其变化趋势,有利于消除产业结构合理化与高度化的障碍。

因此,资源环境的保障对产业发展起到至关重要的作用,丰富优质的资源环境为产业发展提供基础,但长期过度依赖于自然资源可能会带来"资源诅咒"效应,资源环境对产业结构的强约束也会带来产业结构的升级。

第3章　河南省产业结构现状
与资源环境基础

3.1　河南省产业结构、经济增长与资源环境现状

河南省是我国的工业大省,其地理位置优越、自然资源充裕,拥有大量的煤炭、天然气、矿产资源等。经济系统的完备性、经济实力的雄厚性、人力资源的充裕性以及交通运输的便利性都使河南省成为名副其实的经济大省。伴随着工业的快速发展,河南省的资源消耗量在急剧增加,与此同时工业生产所产生的废弃物对环境的污染程度也在加重,可以说河南省现在正面临着资源短缺、环境污染等问题。

3.1.1　产业结构与经济增长现状

(1)河南省产业结构现状

①产业结构层次不合理

产业结构作为经济结构的基础和核心,体现了经济增长的质量,其状况很大程度上也影响和制约着地区资源配置效率和经济增长效益。由于历史和土地禀赋的原因,一直以来,国家战略及河南省地方发展中都强调农业的基础地位,更加关注农业发展,为国家提供充足的粮食供给。第一产业地位的提高,意味着其他产业的相对落后,导致河南省工业基础相对薄弱、服务业比重低,城镇化发展速度缓慢,三产结构严重不合理。

改革开放以来,河南省的产业结构三次产业产值占 GDP 的比重由 1978 年的"二、一、三"演变为 2014 年的"二、三、一"(见图 3-1),

即三次产业产值比由 1978 年的 39.81∶42.63∶17.56 演变为 2014
年的 11.9∶51∶37.1。从 2014 年分产业看,第一产业实现增加值
4160.01 亿元,同比增长 4%,第二产业实现增加值 17816.56 亿
元,同比增长 9.4%,第三产业实现增加值 12961.67.63 亿元,同
比增长 8.7%。可以看出,河南省二三产业发展加快,产业结构呈
现合理化的趋势,但产业结构优化仍任重道远。具体而言,三次
产业产值序列结构变化可分为四个阶段,1978—1980 年为"二、
一、三"结构,1981—1985 年为"一、二、三"结构,1986—1991 年为
"二、一、三"结构,1992 后为"二、三、一"结构。从图 3-1 可以直观
地看出,第一产业产值所占比重大体呈现出先升后降的态势,由
1978 年的 39.81% 上升到 1983 年的 43.75%,之后除 1988—1990
年的小幅上扬外,总体呈下降趋势,第二产业产值比重由 1978 年
的 42.63% 升至 2014 年的 51%,总体提升 8.37%,但期间存在较大
波动,在波动中趋于攀升,第三产业呈现稳步上升的走向,第三产业
产值比重由 1978 年的 17.56% 提高到 2014 年的 37.1%,总体提升
19.54%,虽然期间也有波动,但波幅比第一产业和第二产业要小。

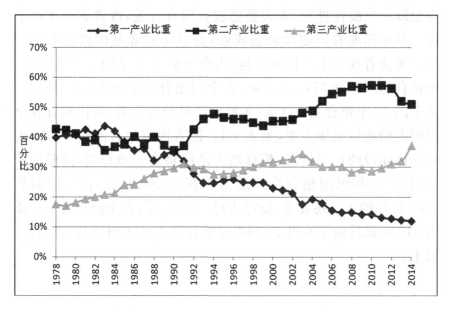

图 3-1　河南省历年(1978—2012 年)产业结构变化情况

总体而言,河南省产业结构变化符合产业结构演变一般规律,但对应时期全国三次产业结构比值由 1978 年的 28.2:47.9:23.9 到 2014 年演变为 9.2:42.7:48.1。可以说,河南省第一产业仍然是产业结构优化的重中之重,第二产业比重高出全国平均水平 8.4 个百分点,在服务业发展如火如荼的时期,河南省第三产业比重则低于全国平均水平近 11 个百分点,这直观地表现了河南省产业发展残酷的现实。第一产业、第二产业此起彼伏的变化波动趋势也说明在工业化、城镇化的快速发展过程中,占用了大量耕地,耕地面积大幅下降,严重影响了粮食产量。即在粮食主产区,推进工业化城镇化与确保粮食稳产是难以调适的矛盾。

②产业内部结构各有特点

首先,第一产业中种植业占据主导地位。农业是国民经济基础,不仅提供人们必需的粮食和其他农产品,而且还为二三产业提供重要的原材料和市场。近年来,中央高度重视农田水利建设,河南省农业基础设施建设步伐进一步加快,水利枢纽工程建设也取得突破性进展,大力推进农业综合开发,改善农业生产条件。其中标准农田建设显著成效,提升了农业基础设施装备水平。河南省现有 1.9 亿亩耕地,占全国的 1/10 以上。2014 年河南粮食总产达到 5772.3 万吨,占全国粮食产量的 1/10。特别是从全国 13 个粮食主产区 30 年粮食产量的变化看,河南粮食在全国所占的地位更加重要,见表 3-1。随着国家粮食战略工程河南核心区建设的稳步推进,粮食增产潜能将进一步释放,按照国家规划,2020 年河南粮食生产能力要新增 260 亿斤,占全国新增 1000 亿斤的 1/4 还要多,稳定达到 1300 亿斤,占全国粮食生产能力 11000 亿斤的 1/9 以上,调出原粮和粮食加工制成品 550 亿斤以上。

表 3-1 全国 13 个粮食主产区粮食生产地位的变化情况

地区	粮食生产总产量(万吨)					
	1978 年			2014 年		
	总产量	全国位次	占全国比重	总产量	全国位次	占全国比重
四川	3000.0	1	9.84%	3374.9	7	5.56%
江苏	2290.0	2	7.51%	3490.6	5	5.75%
山东	2250.0	3	7.38%	4596.6	3	7.57%
河南	1900.0	4	6.23%	5772.3	2	9.51%
湖南	1900.0	5	6.23%	3001.3	9	4.94%
湖北	1725.5	6	5.66%	2584.2	11	4.26%
河北	1615.0	7	5.30%	3360.2	8	5.54%
黑龙江	1500.0	8	4.92%	6242.2	1	10.28%
安徽	1482.0	9	4.86%	3415.2	6	5.63%
辽宁	1175.0	10	3.86%	1753.9	13	2.89%
吉林	1056.0	11	3.46%	3532.8	4	5.82%
江西	1050.0	12	3.45%	2143.5	12	3.53%
内蒙古	180.0	13	0.59%	2753	10	4.54%

第一产业包括农、林、牧、渔业及农林牧渔业服务业。在第一产业内部,种植业比重不断减小,从 1978 年的 83.6% 降为 2014 年的 61.65%,降幅达 21.95%,但仍居主导地位,全国 2014 年种植业占第一产业比值为 53.58%,河南省高出全国平均水平 8.07%,种植业占据主导地位是河南省农业产值结构的主要特征。林业、渔业、农林牧渔业服务业比值变化不大,而畜牧业比值由 1978 年的 11.4% 提高到 32.14%,增幅比较明显。

其次,河南省第二产业依托各城市的资源禀赋优势形成了各具特色的工业体系,成为河南省经济发展的坚实动力。第二产业体系基本形成,河南省依托丰富的矿产资源和农副产品,形成了拥有 38 个行业大类、182 个行业中类,以食品、有色、化工、装备制造、轻纺等产业为主导、大中型企业为主体、多种所有制竞相发展的工业体系,是全国重要的粮食加工、畜禽加工、铝工业和煤化工基地。重工业集中在河南西部,食品加工业聚集区在东部平原区,如漯河、许昌、周口等;汽车及零部件产业集中在开封、洛阳、新乡、焦作、许昌、南阳、鹤壁等城市,在原材料产业,重点发展郑州、洛阳、焦作、三门峡、商丘等铝精深加工产业基地。2014年,全省规模以上同比增长11.2%,高出全国平均水平2.9个百分点,工业增加值居全国第7位,中部地区第2位。全省高成长性制造业投资8331.7亿元,同比增长22.8%,高于传统支柱产业12.6个百分点。另外,全省产业集聚区规模以上工业增加值同比增长16.7%,对河南省工业增长贡献8.4%,支撑带动作用不断增强。

再次,第三产业比例较低。我们通常所说的第三产业,也就是服务业,在经济发展后期,按照产业发展规律,第三产业所占GDP比重应当超过第二产业,形成"三二一"的产业格局。河南省产业结构优化要遵循产业发展规律,在继续发展第一、二产业的基础上加大服务业的比重,重点发展第三产业。要根据社会经济发展规划和城市发展规划去调整服务业增加值比重。例如,在航空港区发展朝阳产业如金融、物流等产业。与民生相关的服务业,如城市公共交通、餐饮、旅游等要大力发展,并且注重服务业发展的精细化、专业化。从数字来看,对服务业的发展目标定位并不高。第三产业比例较低,与河南省城镇化水平低不无关系。河南省三大产业比例的严重失调,从侧面反映出在河南省工业化、城镇化和农业化三者之间的发展速度不一致,缺乏协调。

最后,区域发展不平衡。区域内经济发展不平衡,以2014年人均GDP为例,最高的郑州市人均GDP是最低的周口市的3.2倍。如表3-2所示,按照豫北、豫西、豫南、豫东的划分,豫北地区用河南省20.41%的总人口创造了19.25%、25.13%、19.31%、22.60%的第一产业、第二产业、第三产业和GDP;豫西地区用河南省13.75%的人口创造了12.21%、20.59%、18.52%、18.89%的第一产业、第二产业、第三产业和GDP;豫南地区用河南省38.21%的人口创造了37.58%、40.21%、44.78%、41.27%的第

一产业、第二产业、第三产业和 GDP;豫西地区用河南省 27.63%
的人口创造了 30.96%、14.07%、17.39%、17.23% 的第一产业、
第二产业、第三产业和 GDP。总的来说,豫南地区经济发展较为
薄弱,豫东地区发展较为平衡。

表 3-2　豫北、豫西、豫东、豫南地区三次产业发展基本情况

区域	第一产业占比	第二产业占比	第三产业占比	GDP占比	总人口占比
豫北地区	19.25%	25.13%	19.31%	22.61%	20.41%
豫西地区	12.21%	20.59%	18.52%	18.89%	13.75%
豫东地区	37.58%	40.21%	44.78%	41.27%	38.21%
豫南地区	30.96%	14.07%	17.39%	17.23%	27.63%
全省	100%	100%	100%	100%	100%

(2)河南省产业结构与经济增长关系测度

①产业结构变动与经济增长测度方法。产业结构与经济增
长密切相关,为了研究产业结构变动与经济增长之间的关系,首
先要对产业结构的变动进行合理的测度。本部分借鉴日本经济
学者吉川洋和松本和幸(2001)基于需求创造经济增长理论提出
的方法,利用产业的产值、劳动力就业人数、资产和技术等要素占
经济中各要素总量的比重对产业结构变动进行测度。产业结构
变动幅度的计算公式如下:

$$\sigma = \frac{\sqrt{\left(\sum_{i=1}^{n} w_i^{t2} - w_i^{t1}\right)^2}}{T} \qquad (3-1)$$

其中,σ 表示产业结构的变动幅度,w_i^{t1} 和 w_i^{t2} 分别代表 t_1 和 t_2
时刻第 i 行业的产值、就业人数、资产和技术等要素占经济中各
要素总量的比重,n 为经济结构中的行业数,T 为 t_1 和 t_2 之间的
时间跨度。因此,σ 的变动可从产业的产值结构、劳动力就业结
构、资产结构和技术结构等不同的角度反映产业结构变动的
特点。

同时,与 σ 对应的经济增长的变动可以用如下公式度量:

$$\rho=\left(\frac{Y_2}{Y_1}\right)^{\frac{1}{T}}-1 \tag{3-2}$$

其中, ρ 为在时期 T 内的平均经济增长率, Y_1 和 Y_2 分别为时刻 t_1 和 t_2 所对应的实际国内生产总值,并且 $T=t_2-t_1+1$。

②河南省产业结构与经济增长的变动

首先是河南省产业结构的变动。由于河南省 GDP 按行业的产值数据的详细资料难以获得,本部分选用国内学者比较常用的劳动力就业结构作为产业结构(蒋振声,周英章,2002)衡量的指标。图 3-2 为河南省部分行业就业人数的对数随各个年份的变动路径。

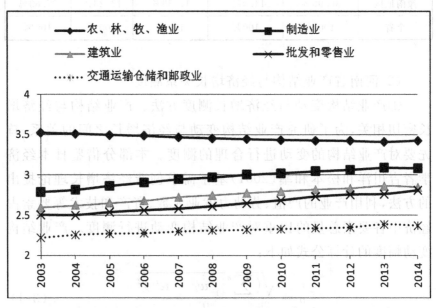

图 3-2　河南省主要行业就业人数的变动(2003—2014 年)[①]

从图 3-2 中可以看出,河南省各行业就业人数的变化具有显著的差异,如农业就业人数增长比较缓慢,相对而言,批发和零售

---

① 由于《中国统计年鉴》及《河南省统计年鉴》自 2003 年开始,分行业从业人员统计标准和 2002 年及之前年份有所变化,为避免数据前后统计数据差异引起的分析偏差,本部分统一从 2003 年开始分析。

业、制造业、建筑业就业人数增长较快。这表明各行业处于成长的不同阶段,同时在一定程度上体现出目前河南省全社会对各行业的需求特征。

通过查找 2003—2012 年河南省主要行业就业人数的数据,利用式(3-1)对劳动力就业结构的变动进行计算。本部分选取的时间跨度为 3 年,即 $T=3$。根据《河南省统计年鉴》对从业人员按行业划分进行统计的标准,我们将整个经济划分为 19 个行业,即 $n=19$。这样,在计算 2001—2003 年河南省产业结构的变动幅度 $\sigma_{2003-2004}$ 时,可以设定 t_1 和 t_2 分别为 2003 和 2005,时间跨度 T 为 2;w_i^{2003} 和 w_i^{2004} 分别选用 2003 年和 2005 年各行业从业人员数占总从业人员数的比重,其中 $i=1,2,\cdots,19$;根据式(3-1)可计算出 $\sigma_{2003-2004}$ 为 0.0013,依次类推可得出河南省产业结构变动幅度(见图 3-3)。

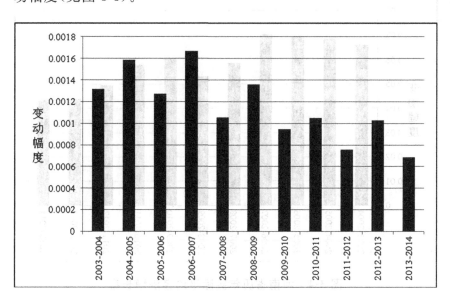

图 3-3 河南省历年产业结构变动幅度

由图 3-3 可以看出,2006—2007 年河南省产业结构变动幅度最大,σ 值为 0.0017,2013—2014 年河南省产业结构变动幅度最小,σ 值为 0.00069,2007 年以前,河南省产业结构变动幅度较大,变动不规则,稳定性较差,这种产业结构变动的不稳定性可能是全社会对各行业的需求变动不稳定,而需求变动的不稳定恰恰体现了河南省宏观经济的稳定性较差,宏观调控对经济的控制力有所不足。2007年以后,河南省产业结构变动幅度在波动中趋于下降。在需求创造经济增长的理论框架下,这种有规律的需求变动表现出产业结构变动的稳定性和规律性,必然引起经济增长的稳定性和规律性。

其次是河南省经济增长的变动。利用式(3-2)计算与河南省产业结构变动幅度对应的平均经济增长率,例如计算2003—2004年河南省的平均经济增长率为$\rho_{2003-2004}$,设定t_1和t_2分别为2003和2004,Y_{2003}和Y_{2004}分别为2003年和2004年的实际国内生产总值,根据式(3-2)可以计算,依次类推可以得到历年河南省平均经济增长率(见图3-4)。

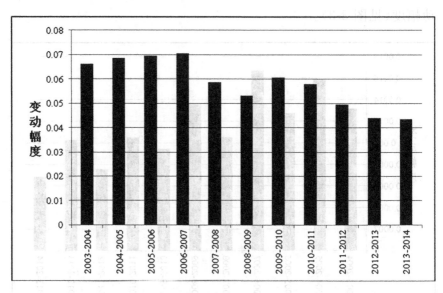

图3-4 河南省历年实际平均经济增长率

由图3-4可以看出,2006—2007年河南省经济平均增长率最高为7.1%,2008—2009年经济平均最长率最高为5.3%,从2003—2012年,总体经济增长率在波动中趋于下降,平均经济增长率的变动趋势同样可以体现出河南省经济增长的波动性在减弱,而稳定性和持续性在增强。

③产业结构变动与经济增长关系测度分析及结果

我们利用 $\overline{I_t}$ 和 $\overline{GDP_t}$ 分别表示产业结构变动幅度和平均经济增长率,采用时差相关分析法对河南省产业结构变动与经济增长之间的关系进行检验。时差相关分析是利用相关系数检验经济时间序列先行、一致或者滞后关系的一种常用方法。选用 $\overline{GDP_t}$ 为基准指标,则 $\overline{GDP_t}$ 和 $\overline{I_t}$ 之间时差相关系数的计算公式为:

$$r(j) = \frac{cov(\overline{GDP_t}, \overline{I_{t+j}})}{\sigma(\overline{GDP_t})\sigma(\overline{I_{t+j}})} \tag{3-3}$$

其中,$j = 0, \pm 1, \pm 2, \cdots, \pm p, cov(\overline{GDP_t}, \overline{I_{t+j}})$ 是两个变量的协方差,$\sigma(\overline{GDP_t})$ 和 $\sigma(\overline{I_{t+j}})$ 分别为两个变量的标准差。$j > 0$ 表示当期平均经济增长率与滞后 j 期产业结构变动幅度的相关系数,$j < 0$ 表示当期平均经济增长率与超前 j 期产业结构变动幅度的相关系数。通过计算样本协方差和样本标准差可以得到 $\overline{GDP_t}$ 和 $\overline{I_t}$ 之间时差相关系数,结果发现,平均增长率和产业结构变动当期、滞后 1 期和滞后 2 期的时差相关系数分别为 0.737、0.394 和 0.170,由此可以看出,平均经济增长率与产业结构变动当期、滞后 1 期、滞后 2 期的相关系数都为正,并且与当期产业结构变动幅度的相关系数最大为 0.737。这说明当期的产业结构的变动对经济增长的影响最大,但是产业结构的变动对经济增长具有影响时滞,也说明了因为产业结构的变动使资源配置与全社会的需求相适应,并且加快了主导产业更替和促进了新兴产业发展的速度,进而推动了经济增长。

3.1.2　资源环境现状

在国土资源系统中,一般可分为能源资源、矿产资源、水资源、土地资源、气候资源和生物资源等要素。由于气候资源和生物资源难以取得定量资料,本部分以水资源、土地资源和矿产资源为例,对河南省资源禀赋进行分析。

(1)水资源

我国是一个水资源贫乏的国家,水资源总量约占世界水资源总量的 6%,人口占世界总人口的 21%,人均水资源量仅为世界人均值的 30%,居世界第 109 位,且时空分布不均,受资源型缺水危机困扰的人口占全国总人口的 1/3 以上。2014 年人均水资源量为 1998.6m³,水资源分布与土地资源和生产力布局不相匹配,总体上水资源分布南丰北欠、东多西少,根据各地区的人均水资源量,我国有 16 个省(自治区、直辖市)属于重度缺水,宁夏、河北、山东、河南、山西、江苏共 6 个省(区)为极度缺水地区。2014 年,河南省水资源总量为我国水资源总量的 1%,人口总数占我国人口总数的 6.9%,人均水资源量仅为我国人均水资源量的 15.01%。相对于全国平均水平而言,河南省水资源总量不足的问题更加严峻。

下面从河流水系、水资源状况演变两个方面介绍一下河南省的水资源禀赋状况。

①河流水系

河南省位于北纬 31°23′～36°22′,东经 110°21′～116°39′,地跨暖温带和北亚热带两大自然单元的我国东部季风区内,分属长江、淮河、黄河、海河四大流域,全省河流众多,流域面积在 100km² 以上的河流 493 条,其中流域面积超过 10000km² 的 9 条,为黄河、伊川河、沁河、淮河、沙河、洪河、卫河、白河和丹江,1000～10000km² 的 52 条。由于地形影响,大部分河流发源于西部、西北部和东南部山区。顺地势向东、东北、东南或向南汇流,形成扇形水系,河流基本分为四种类型:穿越省境的过境河流;发源地在省内的出境河流;发源地在外省流入省内的入境河流;发源地和汇流河道均在省内的境内河流。①

淮河是河南省的主要河流,流域面积 86248km²,占全省土地面积的 52.2%。淮河发源于桐柏山北麓,呈西南、东北流向,支流源短流急,北岸支流有洪汝河、沙颍河、涡惠河、包浍河、沱河及南四湖水系的黄蔡河合黄河故道等,洪汝河、沙颍河发源于伏牛山、

---

① 河南省水资源编纂委员会. 河南省水资源[M]. 郑州:黄河水利出版社,2007,3.

外方山东麓,为西北、东南走向,上游为山区,水流湍急,中下游为平原坡水区,河道平缓;其余诸河均属平原河道。

黄河为河南省过境河流,流域面积 36164km²,占全省面积的 21.9%。黄河在河南省境内长约 720km。北岸支流有蟒河、丹河、沁河、金堤河、天然文岩渠等。丹河、沁河支流大部分在山西省,为入境河流;金堤河、天然文岩渠属平原河道,平时主要接纳引黄灌区退水,南岸支流有宏农涧河、伊洛河,分别发源于秦岭山脉的华山和伏牛山,呈西南、东北流向。黄河干流在孟津以西两岸夹山,水流湍急,孟津以东进入平原,水流减缓,泥沙大量淤积,河床逐年升高,高出两岸地面 4～8m,形成"地上悬河"。

海河流域在河南省的主要支流有漳河、卫河、马颊河和徒骇河,流域面积 15336km²,占全省土地面积的 9.2%。漳河流经林州市北部,为河南省与河北省的边界河流,卫河及其左岸支流峪河、沧河、安阳河发源于太行山东麓。卫河上游山势陡峻,水流湍急,下游流经平原,水流平缓。马颊河和徒骇河属平原河道。

长江流域的汉江水系在河南省的主要河流有唐河、白河和丹江。流域面积 27609km²,占全省土地面积的 16.7%。唐河、白河发源于伏牛山南麓,呈扇形分布,自北向南经南阳盆地汇入汉江。丹江穿越河南省淅川县境西部,为过境河流。

②水资源状况的演变

河南省在第一次水资源评价时,得出 1956—1979 年的 24 年系列平均地表水资源 312.84 亿 m³/年,地下水资源 204.68 亿 m³/年,扣除两者间重复计算水量 103.81 亿 m³/年,总资源量 413.71 亿 m³/年,居全国第 19 位,人均水量和亩均水量约在 400m³,只相当于全国平均数的 1/5 和 1/6,不足世界平均数的 1/25,远远低于世界公认的人均 1000m³/年警戒线,属于重度缺水省份,而且水资源存在严重的时空分布不均,地表径流年际年内变化大,丰水年 1964 年径流量 718.2 亿 m³/年是枯水年 1978 年 99.4 亿 m³/年的 7.2 倍,年内汛期最大四个月的径流量占全年的

60％～80％,春季(3～5 月)径流量占全年只有 15％～20％,而灌溉需水量占全年的 35％～45％。在地区分布上,豫南三市集中全省水资源量的 50％以上,而人口和国内生产总值占全省的比例还不到 30％,耕地也只占 32.2％;豫东人口、耕地和国内生产总值占全省近 40％,水资源量却占全省的 20.8％,相当大地区人均、耕地亩均水量不足全省平均的一半。这种来水和用水的时间和区域不一致,给河南省水资源利用造成很大困难,使得有些地区水资源得不到充分利用,而另一些地区又严重缺水。

河南省水资源量总体呈现纬向分布,由北向南逐渐增大。其中,许昌(34°N)以南雨水资源较为丰富。近十几年来,由于降水偏少,更主要是人类活动影响,水资源量有所减少,根据 1999 年至 2012 年《河南省水资源公报》可知,近十几年年均降水量为 771.8ml,而平均地表水资源量为 287 亿 m^3,地下水资源量为 197 亿 m^3,水资源总量为 406 亿 m^3,分别是 1956—1979 年 24 年间平均地表水资源、地下水资源和水资源总量的 91.7％、96.2％和 98.1％,地表水资源总量减少得最多。由表 3-3 可知,从水资源区域分布来看,水资源紧缺而且开发利用程度又特别高的地区,如豫北、豫东地区,地表水量减少得更为严重。

表3-3　区域水量、人口、耕地和产值占全省比例

区域		豫南	豫北	豫东	豫西
人口(%)		27.7	20.4	38	13.9
耕地(%)		32.2	18.8	36.7	12.3
国内生产总值(%)		20.9	21.9	40.3	17
总资源量(%)	(1956—1979 年)均值	50.7	13.2	20.8	15.3
	(1999—2012 年)均值	51.2	11.6	21.4	15.8
地表水量(%)	(1956—1979 年)均值	58	9.7	13.7	18.6
	(1999—2012 年)均值	61.3	7.1	12.6	19

注:豫南指驻马店、信阳和南阳三市;豫北指黄河以北六市;豫东指郑州、开封、商丘、许昌、漯河和周口六市;豫西指三门峡、洛阳、平顶山三市。

（2）土地资源

①土地资源及利用结构现状

河南省地处中原，地势西高东低，平原、山丘、丘陵分别占55.7%、26.6%和17.7%，土地利用类型复杂多样，平地多于山丘丘陵，是一个典型的农业大省，但土地质量区域差异较大，土地环境中水热时空分布不一致，水土匹配欠佳，人均功能面积少，后备资源不足，土地利用率和土地垦殖率较高，土地利用结构不是很合理。

由于数据资料的限制，本部分分析 2005 年和 2010 年土地利用结构的变化。由表 3-4 可以看出，全省土地利用结构的变化主要表现为城乡工矿居民用地、未用地和林地增加，而耕地、水域和草地减少。其中，城乡工矿居民用地和未用地增幅较大，分别为 6.71%和16.97%，而耕地和水域减幅较大，分别为 1.26%和 0.98%。

表3-4　2005—2010 年河南省土地利用结构的变化

单位:km²

地类	2005 年	2010 年	数量变化
耕地	105122.96(63.93%)	103796.46(63.12%)	−1326.5(−1.26%)
林地	33940.55(20.64%)	34050.16(20.71%)	109.61(0.32%)
草地	4154.69(2.53%)	4128.3(2.51%)	−26.39(−0.64%)
水域	2916.17(1.77%)	2887.46(1.76%)	−28.71(−0.98%)
城乡工矿居民用地	17881.71(10.87%)	19080.73(11.6%)	1199.02(6.71%)
未利用地	429.9(0.26%)	502.87(0.31%)	72.97(16.97%)

注:数据来源于:张永民,程维明等.2005—2010 年河南省土地利用结构变化分析[J].水土保持研究,2015(4):258~263. 第 2、3 列括号中数字表示占全省土地总面积的百分比,第 4 列括号中数字是变化幅度。

②土地资源利用存在的问题

第一，土地资源管理不善，人地矛盾突出。从土地资源管理看，农村青壮年劳动力外出务工现象普遍，使土地长期处于粗放和低效利用的经营状态，土地资源管理不善，耕地抛荒面积不断扩大。另外，由于河南省人多地少，小城镇量大面广，农村居民点分散分布,占用耕地较多。

第二,土地集约利用程度不高。据统计,河南省现有城市人口增加量与建成区面积增加量比值为 1∶2.62[①]。而 20 世纪 80 年代相关专家推测人口增长与城市用地增长比为 1∶1.12 为宜,到 20 世纪 90 年代用地增长系数已经达到 1∶1.36,而全国 31 个特大城市建设用地规模增长系数为 1∶2.291,这种城市扩张速率超过人口增长速率的情况必将导致城市用地效率低和城市内部部分土地的闲置。

(3)矿产资源

①矿产资源保有储量及分布现状

河南省是我国的矿产资源大省,全省矿产资源主要分布在京广线以西和豫西南地区,豫东平原上探明仅有中原油田和永城煤田。煤炭资源分布在京广线以西;钼矿资源主要集中在洛阳市栾川县、汝阳县境内,石油、天然气资源集中分布在豫东——濮阳市和豫西南——南阳市,铝土矿集中分布在郑州以西到三门峡一带。河南省储量与开发具有较大优势的矿产有煤、石油、天然气、铝土矿、钼、金、银、耐火黏土等,其中,煤、铝土矿、耐火黏土、钼、金等矿产采选加工业在全国占有重要地位。截至 2012 年底的矿产资源保有储量中,煤炭资源为 266.02 亿吨,铁矿(矿石)为 17.85 亿吨,铝矿(铝土矿矿石)为 7.15 亿吨,钼矿为 462.92 万吨。

②矿产资源的综合利用现状

矿产资源储量总量大,但人均拥有量低于全国平均水平,特别是部分重要矿产长期强力开发,资源供需矛盾突出,资源保障压力大。近年来,河南省矿产资源综合利用取得了巨大的进步,但仍存在许多问题。主要体现在:开展综合利用矿产的比例和综合回收率低;综合利用工艺技术不过关,矿产加工技术难突破;矿山企业没有能力或不愿对难选矿石处理方法投入研究开发;矿产

---

① 田源. 产业结构视角下的河南省土地利用研究[D]. 河南大学硕士学位论文,2011.

无序开发,环境问题比较突出等。如河南省矿产资源总回收率和矿产资源综合利用率分别为 40％和 50％左右,大部分矿山企业重视产值、量值、生产成本,忽视成本投资大、见效慢的综合利用回收,在大中型矿山中,几乎没有开展综合利用的矿山占一半,矿石产量占总产量一半的小型矿山,基本没有开展综合利用。

(4)生态环境

河南省生态环境问题比较突出,生态环境严重超载,如在土地资源方面,河南省是全国人口大省,人均耕地面积 0.07hm^2,只有全国平均水平的 69％,局部水土流失严重,多数河道和湖泊没有天然水源补给,河水容易出现断流,水质污染严重。同时,河南省是矿产资源大省,在广大矿区,由于综合利用率低,大量废矿被排出,不仅占用大量农田,植被也破坏严重,在一些矿区,大量有毒矿渣的堆积对土地资源破坏极大,未经达标处理的矿坑水、选冶废水以及尾矿池水等任意排放,直接或间接地污染了河流、地表水和地下水及周围农田,对生态环境破坏严重。另外,由于长期忽视保护使得农村生态环境日益严峻。

3.2　河南省产业发展带来的资源环境问题

3.2.1　河南省第一产业发展带来的资源环境问题

农业作为第一产业的主导产业,其发展是建立在自然资源基础之上的。就农业经济与环境之间的相互性来说,农业作为主要的土地和水资源利用活动,也是影响环境的一个主要力量,其对资源环境的影响主要体现为农业用水效率低下导致的水资源紧缺和农业耕作过度依赖农药化肥等带来的面源污染。

随着经济的快速发展,城市和工业用水往往挤占农业用水,这种水资源的挤占,加剧了农业用水的紧缺程度,而为了满足灌溉用水的需要,农业用水又挤占生态用水,导致地表水开发利用程度过高和地下水大量开采。地表水资源开发利用程度过高,可导致河道季节性断流或河流干枯。当前河南省地表水开发利用程度已达 30% 以上,因地表水的过量开发造成部分河道干枯,河川径流量衰减十分明显,由此造成河道纳污容量减少,河流自净能力下降,水环境恶化。地下水大量开采造成地下水位大幅度下降。井灌区出现大面积地下水位下降漏斗区,不仅导致机泵吊空,机井报废,提水耗能增加、灌溉成本加大,而且可能引发地面沉降等地质问题,并使灌区宝贵的抗旱水源地下水因失去涵养而日趋枯竭,降低了灌区抵御旱灾的能力,已严重影响到灌溉农业的可持续发展。

根据农业生产的特征可知,农业面源污染主要来源于农业生产中的农业生产资料(化肥、农药和农用薄膜等)的投入。农资投入的高强度和高流失率使得农业面源污染日趋严重。2012 年河南省化肥施用量为 684.43 万吨,居全国第一。近 10 年,河南省年化肥施用量年均递增 30%,目前仍处于上升趋势。化肥有效利用率低,氮肥当季利用率为 30%~40%,磷肥为 10%~20%,钾肥为 35%~50%,加之表施多于深施,造成肥料的有效利用率低,大量未被利用的化肥通过径流、淋溶、硝化与反硝化等方式污染了地表水、空气等生态环境。农药使用技术也存在普遍落后的问题,据统计,农药利用率仅为 20%~30%,平均有 80% 的农药直接进入环境[1]。除此之外,还有畜禽粪便、农村生活垃圾肆意堆放等问题造成农村面源污染问题严重。

3.2.2　河南省第二产业发展带来的资源环境问题

河南省粗放型的工业发展模式造成了很多工业废弃物不加处理就直接排入自然环境中,这不仅污染了环境还浪费了许多有用的资源。改革开放以来,河南省工业取得了进一步的发展,尤其是钢铁、化工产业更是发展迅速。一方面,工业的发展推动了

---

① 燕惠民. 湖南省农业面源污染现状及防治[J]. 安徽农学通报,2007(7):53~56.

河南省经济的增长;另一方面,粗放型的工业发展模式也给河南省带来了资源短缺、环境污染的问题。河南省是钢铁工业的第一大省,其水泥、电力的生产也具有很大的规模。这些高能耗、高污染工业的发展造成了水资源、煤炭资源、矿产资源严重下降,除此之外,工业废弃物的排放导致了严重的环境污染。由此可知,近年来河南省的工业取得了较快的发展,在工业发展的同时也相应地带来了各种各样的资源环境问题。

工业发展带来的资源问题主要指在工业生产过程中造成的资源消耗量大、资源利用率低以及资源循环使用率低等问题。由于河南省是我国的工业大省,且其大多采用粗放型的发展模式,这就导致了河南省的资源供不应求问题更为严重。

(1)资源问题

河南省在工业发展中带来的资源问题主要有以下两个方面。

①资源利用率低、浪费现象较为严重

表 3-5　河南省 1998—2014 年煤炭、原油、天然气资源消耗总量

单位:万吨标准煤

年份	煤炭消耗总量	原油消耗总量	天然气消耗总量
1998	6345.74	709.91	115.90
1999	6457.50	723.24	125.46
2000	6937.04	760.22	134.62
2001	7279.29	794.87	158.97
2002	7798.33	837.47	180.10
2003	9185.87	995.93	201.31
2004	11322.08	1202.81	261.48
2005	12753.00	1272.38	321.75
2006	14188.52	1298.72	405.85
2007	15643.74	1409.19	445.94
2008	16547.39	1518.11	493.39
2009	17183.58	1560.35	553.03

续表

年份	煤炭消耗总量	原油消耗总量	天然气消耗总量
2010	18072.03	1929.40	643.13
2011	19255.94	2259.98	761.01
2012	18965.04	2435.66	993.18
2013	16891.84	2826.26	1051.63
2014	17785.53	2884.14	1030.05

由表 3-5 分析可以得出:河南省 1998 年煤炭消耗量是 6345.74 万吨标准煤,到了 2014 年煤炭消耗量是 17785.53 万吨,相比 1998 年增长了大约 2 倍;原油在 1998 年的消耗量是 709.91 万吨,到 2014 年为 2884.14 万吨标准煤,相比 1998 年增加了 2 倍多;天然气 2014 年的消耗量相比 1998 年来说,增加了 7 倍多。

单位 GDP 能耗是能源消耗总量和地区生产总值的比值,表示每多生产一单位产出所消耗的能源。从某一方面来说单位 GDP 能耗可以用来表示资源的利用效率,表 3-5 具体表述了河南省 1998 年到 2014 年期间各年的单位 GDP 能耗(按当年价格的 GDP 标准核算);图 3-5 将河南省的单位 GDP 能耗和全国平均、某发达地区单位 GDP 能耗进行比较,由此得出河南省产业发展中资源浪费现象较为严重。

表 3-6　河南省 1998—2014 年能源利用统计

年份	能源消耗总量 (万吨标准煤)	地区生产总值 (亿元)	单位 GDP 能耗
1998	7244	4308.24	1.68
1999	7380	4517.94	1.63
2000	7919	5052.99	1.57
2001	8367	5533.01	1.51
2002	9005	6035.48	1.49
2003	10595	6867.70	1.54
2004	13074	8553.79	1.53

续表

年份	能源消耗总量 （万吨标准煤）	地区生产总值 （亿元）	单位 GDP 能耗
2005	14625	10587.42	1.38
2006	16234	12362.79	1.31
2007	17838	15012.46	1.19
2008	18976	18018.53	1.05
2009	19751	19480.46	1.01
2010	21438	23092.36	0.93
2011	23061	26931.03	0.86
2012	23647	29599.31	0.80
2013	21909	32191.3	0.68
2014	22890	34938.24	0.66

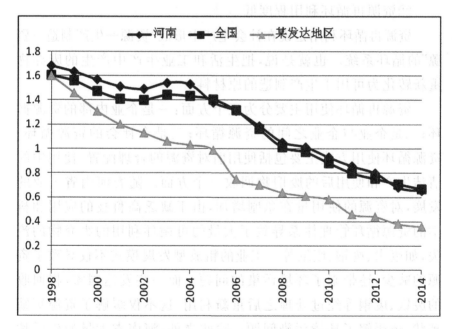

图 3-5 河南和全国、某发达地区单位 GDP 能耗比较

由表 3-6 可以得知：河南省自 1998 年以来，河南省的能源消耗总量呈现逐年增长的趋势，能源消耗总量从 1998 年的 7244 万

吨标准煤增加到了 2014 年的 22890 万吨标准煤,由此可知伴随着工业的发展,资源消耗量在急剧增加。由图 3-5 可以看出:从 1998 年到 2014 年河南省的单位 GDP 能耗呈现上下波动趋势,但整体呈现下降趋势。河南省的单位 GDP 能耗从整体上看高于全国平均水平,再进一步拿河南省和发达地区(以北京市为例)的单位 GDP 能耗做对比,后者由 1998 年到 2014 年整体呈现下降趋势,由 1998 年的 1.6 下降到 2014 年的 0.36。由河南省与发达地区单位 GDP 能耗相比较可以看出,河南省的单位 GDP 能耗不仅起始点高于某发达地区,而且其下降幅度也小于某发达地区下降幅度。从图 3-5 可以得知尽管河南省的单位 GDP 能耗在减少,但与发达地区相比较而言,其数值仍然较大。这也就说明了虽然河南省工业发展对能源的利用率在增加,但仍然存在很大的资源浪费、利用率低下等问题。

②资源再循环利用程度低

资源再循环利用是说在社会生产中形成"资源—生产制造—资源"的循环系统。也就是说,把生活和工业生产中产生的废弃物重新转化为可用于生产制造的原材料。

资源再循环使用主要分为三个方面:一是企业内部的资源循环;二是企业与企业之间的资源循环;三是全社会的资源循环。资源循环使用方式主要包括使用前对资源的合理配置、使用中的清洁生产和使用后的废旧物回收三个方面。随着河南省工业的发展,对资源的使用量在急剧增加,由于缺乏高科技的应用和科学的资源循环管理体系导致了大量的可循环利用的废弃物的流失,如废水、废钢、废纸等。工业的粗放型发展模式不仅导致了资源的减少,还带来了环境污染的问题。而一些发达国家,将回收的废铁、废钢等经过处理之后重新利用,这不仅缓解了资源短缺现状,还缓解了环境污染问题。除此之外,河南省大量的生活垃圾也给环境带来了严重的损害,然而好多发达国家的城市通过利用燃烧生活垃圾产生的热量缓解了生活垃圾的污染问题。由此可见,河南省应该积极引进先进技术,借鉴国外成功的经验,提高其资源再循环使用率。

（2）环境问题

目前,各地区对环境质量状况的分析多是根据其环境污染状况这一评价指标进行研究,因而在这一部分将从其中选取具体的数据来进行分析。由于在工业化发展过程当中,工业对环境的影响在环境质量方面主要的指标表现在工业"三废"方面,因而在本部分选取水体污染,大气污染和固体废弃物污染这三个指标来进行具体的分析。

在这一部分,主要从《河南省统计年鉴》和《河南省环境状况公报》上面选取 1994—2014 年的统计数据,对河南省的环境质量状况进行具体的分析与说明。人均 GDP 与工业"三废"排放量的原始数据如表 3-6 所示。

表 3-7　河南省 1994—2014 年的经济增长与环境污染原始数据

年份	人均 GDP （元）	工业废水排放量（万吨）	工业废气排放量 （亿标立方米）	工业固体废弃物产生量（万吨）
1994	2457	93200	5149	2400
1995	3313	98400	6092	2800
1996	4007	91200	6172	2900
1997	4430	91600	7101	3300
1998	4695	92700	6619	3400
1999	4894	94500	6911	3500
2000	5444	109200	7436	3600
2001	5924	109600	9239	3900
2002	6437	114400	10645	4300
2003	7376	114200	11992	4500
2004	9201	117300	13103	5100
2005	11346	123476	15499	6200
2006	13172	130158	16770	7500
2007	16012	134344	18890	8900
2008	19181	133144	20264	9600

续表

年份	人均GDP （元）	工业废水排放量（万吨）	工业废气排放量（亿标立方米）	工业固体废弃物产生量（万吨）
2009	20597	140325	22185	11000
2010	24446	150400	22709	11000
2011	28661	138700	40805	14000
2012	31499	137400	35006	15000
2013	34174	130800	37669	16000
2014	37072	128000	39635	15917

从表3-7我们可以看出，河南省工业"三废"的排放量在近20年间呈现出高速增长的趋势，其中工业固体废弃物的排放量处于持续增长的发展态势，而工业废水和废气的排放量则整体上呈现出波浪式上升的情形。具体的排放状况见图3-6到图3-7。

①工业废水排放状况

工业废水的排放量在1994—1997年间呈现出下降的趋势，随后从1998年一直到2010年工业废水的排放一直处于持续增加的趋势，在这13年间增加了62.24%，接下来由于政府加大环境保护投入，工业废水的排放有所下降。

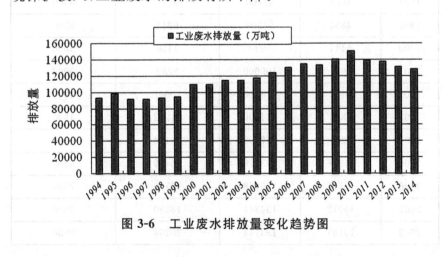

图3-6 工业废水排放量变化趋势图

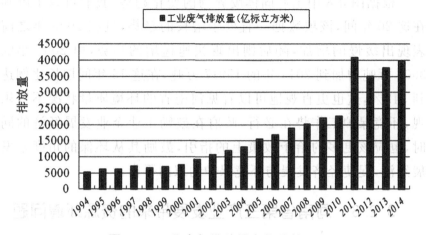

图 3-7 工业废气排放量变化趋势图

②工业废气排放状况

从图 3-6 我们可以看出,河南省的工业废气排放量在 1994—2010 年整体上表现出持续的增势,2011 年的数据则在图中表现为一个突出的点,根据其定量数据显示,在这一年的时间内,其固体废弃物排放量就比上年增加 18096 亿标立方米,这反映出河南省的环境质量出现了严重的污染,大气污染程度加深。

③工业固体废弃物产生量状况

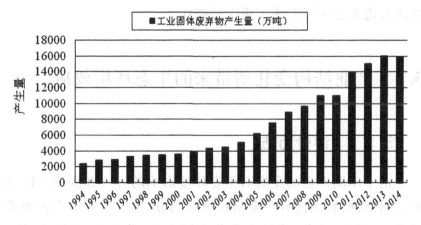

图 3-8 工业固体废弃物产生量变化趋势图

根据图 3-8 中工业固体废弃物的变化趋势,我们可以了解到在这 20 年间,该项数据一直处于增长的趋势,且在 2000 年之前表现出缓慢的增加,随后则出现快速递增的趋势,由 2000 年的 3600 万吨增加到 2014 年的 15917 万吨,在这 15 年间增长比例达到 342%,这也更直观地可以看见河南省的环境质量状况不容乐观,环境保护工作势在必行,政府在鼓励工业企业发展经济的同时,也应该更多的给予政策上的指引,鼓励其从环保的角度来发展经济,促使经济发展与环境保护的双向平衡。

3.2.3 河南省第三产业发展带来的资源环境问题

目前,河南各地都掀起了"旅游开发热",从地方政府到企业乃至个体经营者,纷纷上旅游项目。不同主体投资建设旅游景区(点),拓宽了融资渠道,可以分层次地满足旅游消费需求,加快旅游业的发展,然而,一些地方对开发的景区(点)缺少详细的调查研究和科学的论证,仓促上马,盲目建设,基础设施建设与旅游资源开发不相配套;有些地方急功近利,任意开山采石、滥发林木、捕杀珍禽异兽、排放"三废"污染环境和水源;有些景区或景点的周围建高楼、修公路等,不注重布局的合理性和设计的科学性,对景区周边生态环境造成了极大的破坏。

3.3 产业结构变化所带来的生态环境效应

3.3.1 评价方法

由于不同产业的发展对生态环境影响的方式和程度不同,因此,在评价时将河南省产业结构进行细分:第一产业分为种植业、林业、畜牧业、渔业,第二产业分为轻工业、重工业、建筑业,第三产业分为交通运输业、其他产业。各产业占 GDP 比重的堆积折线图如图 3-9 所示。由图 3-9 可以看出,1985 年以来,第一产业内部的农业、林业、牧业、渔业的比重虽有一定的波动,但农业＞牧业＞林业＞渔业的顺序始终没有发生根本性的变化。渔业的比重最小,始终在 1％以内,其次是林业,在 2％以下,而种植业始终占绝对优势。轻工业一直在 15％到 18％左右,重工业增幅比较明显,从 1985 年的 17％增长到 2014 年的 29％。第三产业比重从 24％增加到 2014 年的 37.1％,其中,在 2014 年出现最高值,达到 37.1％。仓储、运输和邮政业从 1985 年的 5.5％下降到 2014 年的 4.7％。

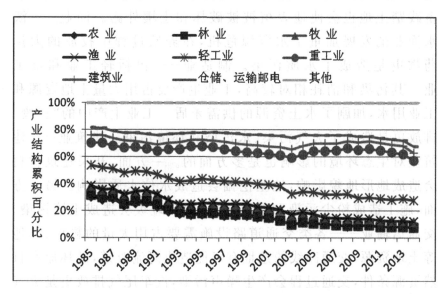

图 3-9　河南省 1985—2014 年各产业占 GDP 比重的堆积折线图

(1)各产业对生态环境的影响、影响权重和指数

以不同产业发展对生态环境影响幅度与深度的差异为依据,衡量各类产业发展对生态环境影响的相对强度。

各产业的发展过程都不断地从自然资源中获取所需资源,同时,产生各种产品及废弃物,进而影响和干扰生态环境。

各细分产业对生态环境的影响具体表现如下。

农业——农业是国民经济的基础。为了扩大以种植业为主的农业,常常会开垦一些不适合耕作的土地作为农田,不合理耕作致使水土流失、土壤沙化、酸化问题严重,沼泽、滩涂等具有生态服务功能的土地类型不断减少。此外,在农业耕作中,由于"掠夺式的农业生产方式"过度依赖于农药和化肥,造成水土污染。林业——其影响具有两面性。一方面,林业采伐使得森林覆盖面积减少,水土保持能力下降,另一方面,人工林生态系统相对结构单一,食物链不完备,土壤输入输出不平衡。甚至一部分粗放型经营方式造成地力不断衰退,地表径流有所减少。畜牧业——畜牧业中部分草场资源的过度超载会加剧草场退化及土地沙化,在养殖过程中动物粪便和饲料也有可能造成水体污染,牲畜践踏土地也会使地表植被被破坏和土壤外露。渔业——淡水渔业的发展加重了水资源危机,在养殖过程中投放的大量药物更是造成了水质污染。制造业——包括轻工业和重工业。其污染和消耗相对较高,工业生产要占用大量土地资源和工业用水,加剧了水土资源的供需矛盾。工业生产中的"三废"排放更是造成了大气污染、水污染和环境污染。建筑业——建筑业对生态环境的影响也是多方面的。一方面,开采建筑材料会造成地形地貌影响,地基挖掘会造成水位水质影响。另一方面,施工造成粉尘污染和噪声污染,建筑垃圾会造成土壤污染。交通运输业——各类交通道路设施需要占用大量的耕地、林地等土地资源,交通路线的选址有可能造成河流改道,破坏原有自然资源条件,交通过程会产生噪声污染,汽车尾气排放更是大气污染的主要来源之一。

(2)确定各产业对生态环境的影响权重和指数

首先,在[1,5]区间内对不同产业类型的生态环境影响系数,依次反映各产业单位产值比重的生态环境影响之间的比例关系,系数越大,表明该产业对环境负面影响越大(见表3-8)。

表3-8　不同产业类型的生态环境影响系数

产业名称	农业	林业	畜牧业	渔业	轻工业	重工业	建筑业	运输业	其他产业
影响系数	3	2	2	2	4	5	3	4	1

其次,对研究区各产业类型的产值比例,依据其相应的生态环境影响系数进行加权求和,得到区域产业结构的总体生态环境影响指数(Influence index of industrial on natural environment,IIISNE),定量表征一定产业结构对区域生态环境的总体影响或干扰状况,具体影响指数分级如表 3-9 所示。

表 3-9　产业结构生态环境影响指数分级

生态环境影响指数	1～1.5	1.5～2.5	2.5～3.5	3.5～4.5	4.5～5
分级	弱	较弱	中等	较重	严重

总体生态环境影响指数的公式为:

$$R_{IIISNE} = \sum_{i=1}^{9} IS_i E_i i$$

式中,R_{IIISNE} 为区域产业结构的总体生态环境影响指数,IS_i 为 i 产业的产值比例,E_i 为 i 产业的生态环境影响系数。

(3)计算产业结构变化的生态环境效应

比较总体生态环境影响指数在不同时期的数值差异,定量综合评价区域产业结构变化的生态环境效应。其计算公式为:

$$SE = \frac{R_{IIISNE}(t_2) - R_{IIISNE}(t_1)}{R_{IIISNE}(t_1)} \times 100\%$$

式中,SE 为某一时段产业转型的生态环境效应变化幅度,$R_{IIISNE}(t_1)$、$R_{IIISNE}(t_2)$ 分别表示 t_1、t_2 时期产业结构的生态环境影响指数。

3.3.2　结果分析

根据 3.3.1 的评价分析方法,可以看出 1985 年以来河南省产业结构的生态环境效应基本属于中等这一级别。但总体趋势是从 1985 年开始逐步严重,近些年在严厉的环境规制下又开始呈现下降的趋势。基本可分为 3 个波动期,第一个波动期为 1985 年到 1990 年,产业结构的生态环境影响基本在下降阶段,到 1990 年达到波谷。第二个波动期为 1991 年到 1999 年,产业结构的生态环境影响指数逐步攀升,到 1994 年达到波峰后又逐步下降。第三个波动期为 2000—2014 年,产业结构的生态环境影响指数出现小幅波动后攀升,近些年又呈现出下降的趋势。

图 3-10 1985—2014 年产业结构所带来的生态环境影响

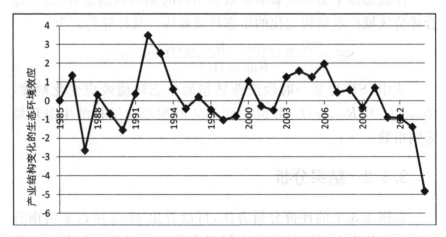

图 3-11 1985—2014 年产业结构变化带来的生态环境变动效应

由此可见,河南省产业结构演化轨迹与产业转型引起的生态环境效应轨迹在变化趋势上存在一致性,都呈"波浪形";第一产业中农业比重的降低有利于改善生态环境,而工业中重工业的上升却不利于改善生态环境。产业结构的变化带来了生态环境的变化,总体来看,产业结构变化的生态环境效应波动幅度逐步减小,近些年,尽管严厉的环境规制手段及产业结构优化对生态环境的影响有改善的趋势,但以生态环境保护为目的的产业结构调整任务仍然任重道远。

第4章 河南省资源环境承载力研究

4.1 资源环境承载力理论与评价方法

4.1.1 资源环境承载力理论

(1)承载力相关概念

承载力的本意是指地基的强度对建筑物负重的能力,是从工程地质领域转借来的概念。后来随着承载力概念的不断演化,在经济社会生态等诸多领域都有广泛应用,目前承载力在人口、资源与环境规划和管理、畜牧系统管理、农业、旅游业以及城市规划等领域都被赋予了新的内涵。

资源承载力(Resource Bearing Capacity)是在承载力概念基础上的一种扩展,是指"一个国家或地区的资源承载力是指在可以预见到的期间内,利用本地能源及其自然资源和智力、技术等条件,在保证符合其社会文化准则的物质生活水平条件下,该国家或地区能持续供养的人口数量。"

环境承载力(Environmental Bearing Capacity)反映的是环境系统对人类社会发展活动的支持能力。是指"特定时期,特定的环境状态下,该区域环境对人类社会经济活动所能承受的阈值"。

资源环境承载力(Resource Environmental Bearing Capacity),是指在一定的时期和一定的区域范围内,在维持区域资源结构符合持续发展需要,区域环境功能仍具有维持其稳态效应能力的条件下,区域资源环境系统所能承受人类各种社会经济活动的能力。

（2）资源环境承载力的主要内容

目前,承载力的理论概念已经被引用在许多领域,根据各种实际情况和研究对象,提出了各种各样承载力的概念和内涵。

从促进经济与资源环境协调发展的高度看,区域资源环境承载力的研究,就是寻求在特定的时间、区域条件下,对资源环境进行深入研究,以定性和定量相结合的方法来表现区域资源环境系统对社会经济的承受能力。其中区域资源环境承载力的研究包括:①资源环境承载力的评价指标体系;②资源环境承载力表征模型;③资源环境承载力综合评估;④与区域资源环境承载力相协调的区域资源环境保护的对策措施等。

资源环境综合承载力可由一系列相互制约又相互对应的发展变量和制约变量构成。①自然资源:水资源、土地资源、矿产资源等;②社会经济指标:GDP、能源、人口、交通、通讯等;③环境指标:废水、废气、固体废物的排放以及回收利用的效率等。

4.1.2　资源环境承载力评价方法

（1）生态足迹法

生态足迹分析方法,是一种度量可持续发展程度的生物物理方法,是在对土地面积量化的基础下,从需求的角度计算出生态足迹的大小,从供给的角度上计算出生态承载力的大小,然后对两者的值进行比较,进而分析研究对象的可持续发展状况。生态足迹的计算公式为:

$$G = P \times G_F = P \times \sum (X_i / Y_i)$$

其中,G 表示总的生态足迹,P 为人口总数,G_F 表示人均生态足迹,X_i 表示第 i 种消费项目的人均消费量,Y_i 表示第 i 种消费项目的平均生产能力,i 表示消费项目和投入的类型。

（2）主成分分析法

主成分分析法,就是利用降维的思想,把多个指标数据转化为少数几个综合的指标。主成分分析是因子分析的一种特殊情况,因子分析的一般模型为:

$$\begin{cases} F_1 = k_{11}X_1 + k_{12}X_2 + \cdots + k_{1n}X_n + \varepsilon_1 \\ F_2 = k_{21}X_1 + k_{22}X_2 + \cdots + k_{2n}X_n + \varepsilon_2 \\ \cdots \\ F_m = k_{m1}X_1 + k_{m2}X_2 + \cdots + k_{mn}X_n + \varepsilon_m \end{cases}$$

其中,$F_1,F_2,\cdots,F_m$ 为实测变量;k_{ij} 为因子荷载;X_i 为公共因子;X_i 为特殊因子。特殊因子实际上就是实测变量与估计值之间的残差值。如果特殊因子为零,则称为主成分分析。

(3)变异系数法

变异系数法和上文提到的主成分分析法都属于客观赋权法的一种。变异系数,是用来衡量统计变量变异程度的量。当进行两个或多个统计变量变异程度的比较时,如果度量单位与平均数相同,可以直接利用标准差来比较。如果单位和平均数不同时,比较其变异程度就不能采用标准差,而是采用标准差与平均数的比值来比较。

变异系数法是直接利用各项指标本身所包含的信息,通过计算各统计变量的变异系数,每个指标数据变异系数占所有指标数据变异系数的和的比重,就是该指标的权重。在评价指标体系中,指标取值差异越大的指标,也就是越难以实现的指标,其变异系数占的比重就越大,在该指标体系中所占的权重也越大,这样的指标更能反映被评价单位的差距。

4.2 基于集对分析的河南省资源环境承载力研究

河南省作为中部地区的主要部分,境内水资源有丹江口库区、南水北调中线工程水干渠沿线、淮河、黄河、海河等重点流域。河南省矿产资源有 120 多种,矿业产值连续多年处于全国前 5 位。作为一个粮食主产区和水资源主要集聚地,随着人口的不断增加和经济的快速发展,河南省资源能源供给形势却日益严峻,人均资源指标呈递减趋势。区内资源利用水平低、能源消耗量大、环境污染严重,生态环境失衡问题不断加剧,经济发展面临着资源与环境双重因素的制约。在这种背景下,对河南省资源环境承载力进行评价研究和问题探析,就具有了重要的时代意义和政策意义。

资源承载力是一个国家或地区各种资源总的数量和质量以及其对该空间内社会经济活动发展及人口基本生存和发展的支撑能力,因其可更新和可耗竭性,具有随人类对资源的开发利用和环境保护方式的变化而变化的属性。因此,社会经济活动方式不同,资源环境承载力也会有所差异。对资源环境承载力的评价研究在目前无论是在国内还是国外还都处于初步探索阶段,评价研究方法各有不同。其评价方法有状态空间法、投影评价法、生态足迹法、层次分析法等。笔者结合集对分析法分析河南省 18 个地级及地级以上城市的资源环境承载力状况,给出资源承载力评价的一般原则、方法与具体步骤,并对河南省经济承载力状况给予了综合评价和排序,以期为政策实践提供参考和启示。

4.2.1　集对分析方法及研究步骤

(1)集对分析方法

集对分析(Set Pair Analysis)理论是我国学者赵克勤于 1989 年提出的一种研究客观事物之间确定性与不确定性联系的系统方法,已广泛应用于政治、经济、军事、社会生活等各个领域。所谓集对,是指将具有一定联系的两个集合组成一个对子,通常表示为 H(A,B)。它的核心思想是在一定的问题背景下,对所涉及的两个集合所具有的特性从同、异、反 3 个角度进行分析,并用联系度描述两个集合的关系:

$$\mu = \frac{S}{N} + \frac{F}{N}i + \frac{P}{N}j = a + bi + cj \qquad (4\text{-}1)$$

其中,$a+b+c=1$,且 $a \geqslant 0$,$b \geqslant 0$,$c \geqslant 0$。式中,N 表示集对特性总数,$N = S + F + P$,S 表示集对相同的特性数,P 表示集对中相反的特性数,F 表示集对中既不相同又不相反的特性数,i 表示差异度标示数,$i \in [-1,1]$,j 表示对立度标示数,一般 $j = -1$。易知,$\mu \in [-1,1]$,a、c 相对确定,b 相对不确定,μ 是联系度。$\mu =$

$a+bi+cj$ 又称三元联系数。

（2）研究步骤

设有 M 个评价对象 $A_0=(a_1,a_2,\cdots,a_m,\cdots,a_M)(m=1,2,\cdots,M)$，$N$ 个评价样本指标 $X=(x_1,x_2,\cdots,x_n,\cdots,x_N)(n=1,2,\cdots,N)$，它们构成 M 个对象关于 N 个指标的评价矩阵 $R=(r_{nm})_{N\times M}$。设有 U 级评价标准，N 个指标的第 $u(u=1,2,\cdots,U)$ 级评价标准构成集合 B_u，采用集对分析法时，如果评价矩阵中元素落入第 u 个评价级别中，则认为是相同的，若落入 u 的相邻级别中，则认为是相异的，若落入相隔级别中，则认为是相反的。计算集合 X 中的指标实测值系列与 B_u 中每一个等级的联系度构成集对 $SP_u=(X,B_u)$。由于不同地区的资源环境承载能力处于同一级别中，也会因评价指标数值的差异，而使资源环境承载能力有所不同，因此，需要更精确地计算同异反联系度。本部分采用三角隶属函数的方法来确定联系度 a,b,c 的值。若指标值处于评价级别中，则 c 为 0，越靠近本评价指标值，a 越大，反之 b 越大；若指标值处于相邻级别中，则 a 为 0，越靠近相邻的评价标准，则 b 越大，反之 c 越大；若指标值处于相隔的评价级别中，则 a,b 为 0，c 为 1。

由于资源环境承载力指标有正指标（效益型指标，指标值越大越好）和负指标（成本型指标，指标值越小越好），两者的联系度算法不一样。设正指标的联系度算法公式为：

$$\mu_n=\begin{cases}1+0\,i_1+0\,i_2+\cdots 0\,i_{k-2}+0j & (x_n\geqslant s_1)\\[2mm]\dfrac{x_n-s_2}{s_1-s_2}+\dfrac{s_1-x_n}{s_1-s_2}i_1+0\,i_2+\cdots+0\,i_{k-2}+0j & (s_2\leqslant x_n<s_1)\\[2mm]0+\dfrac{x_n-s_3}{s_2-s_3}i_1+\dfrac{s_2-x_n}{s_2-s_3}i_2+\cdots+0\,i_{k-2}+0j & (s_3\leqslant x_n\leqslant s_2)\\[2mm]\cdots\\[2mm]0+0\,i_1+0\,i_2+\cdots+\dfrac{x_n-s_k}{s_{k-1}-s_k}i_{k-2}+\dfrac{s_{k-1}-x_n}{s_{k-1}-s_k}j & (s_k\leqslant x_n\leqslant s_{k-1})\\[2mm]0+0\,i_1+0\,i_2+\cdots+0\,i_{k-2}+1j & (x_n<s_k)\end{cases}$$

$$(4-2)$$

式中，$s_1>s_2>\cdots>s_{k-1}>s_k$。

负指标的联系度算法公式为：

$$\mu_n = \begin{cases} 1+0\,i_1+0\,i_2+\cdots+0\,i_{k-2}+0j\,(x_n \leqslant s_1) \\[2mm] \dfrac{s_2-x_n}{s_2-s_1}+\dfrac{x_n-s_1}{s_2-s_1}i_1+0\,i_2+\cdots+0\,i_{k-2}+0j\,(s_1<x_n\leqslant s_2) \\[2mm] 0+\dfrac{s_3-x_n}{s_3-s_2}i_1+\dfrac{x_n-s_2}{s_3-s_2}i_2+\cdots+0\,i_{k-2}+0j\,(s_2<x_n\leqslant s_3) \\[2mm] \cdots \\[2mm] 0+0\,i_1+0\,i_2+\cdots+\dfrac{s_k-x_n}{s_k-s_{k-1}}i_{k-2}+\dfrac{x_n-s_{k-1}}{s_k-s_{k-1}}j\,(s_{k-1}<x_n\leqslant s_k) \\[2mm] 0+0\,i_1+0\,i_2+\cdots+0\,i_{k-2}+1j\,(x_n>s_k) \end{cases}$$

$$(4\text{-}3)$$

式中，$s_1<s_2<\cdots<s_{k-1}<s_k$。

在两个公式中，μ_n 为联系度，x_n 为指标的实际值；s_k 为第 k 个级别的标准。同级别 N 个指标的联系度数加权和即为该级别的综合联系度值。

$$\mu_u = \sum_{n=1}^{N} \omega_n \mu_n (u=1,2,\cdots,U) \qquad (4\text{-}4)$$

式中，ω_n 为第 n 个指标的权重，并有 $\sum_{n=1}^{N} \omega_n = 1(n=1,2,\cdots,N)$。

在系统所在等级时，采用置信度准则判断样本所属的等级。即所处级别 $u_0 = \min\left\{u: \sum_{l=1}^{u} (w_1 a + w_l b_1 + \cdots + w_l b_{u-2} + w_u c_u)\right\}$，则认为 x 属于 U 类。该准则认为越"强"越好，而且"强"的类应当占相当大的比例。λ 为置信度，取值范围通常为 $[0.5,1]$，一般取 0.5 与 0.7 之间，本部分取 0.7。

4.2.2　评价指标选取与测度结果分析

（1）评价指标选取及权重确定

本研究运用集对分析法，研究河南省资源环境承载力的问题。考虑到资源环境承载力涉及资源、环境、社会、经济等诸多方面，各方面相互联系和制约，共同构成了一个复杂的巨系统。本书从经济、社会、资源利用及环境保护 4 个方面选取 15 个指标

(见表 4-1)构建了评价指标体系,评价标准采用 3 级($k=3$),即较可载(Ⅰ级)、基本可载(Ⅱ级)、弱可载(Ⅲ级)。资源环境承载力的关键问题是权重的确定,常见方法有主观赋权法和客观赋权法,为消除人为主观因素的影响,本书采用客观赋权的变异系数法,计算结果见表 4-1。根据各个指标在总系统中的重要程度在子系统中重新客观赋权可得二级评价指标 $X_i(i=1,2,3,4)$ 的权重为

$$\omega_{X_1} = (0.140, 0.592, 0.268),$$
$$\omega_{X_2} = (0.379, 0.426, 0.195)。$$
$$\omega_{X_3} = (0.333, 0.254, 0.107, 0.306),$$
$$\omega_{X_4} = (0.277, 0.387, 0.132, 0.065, 0.139)。$$

表 4-1　河南省资源环境承载力评价指标、标准及权重

子系统		评价指标	资源环境承载力评价标准			权重 (w_n)
			较可载Ⅰ	基本可载Ⅱ	弱可载Ⅲ	
经济发展 C1	x_1	GDP 增长率/%	4.5	9.5	14.5	0.0219
	x_2	人均 GDP/美元	3500	2500	1500	0.0925
	x_3	第三产业产值比重/%	60	40	30	0.0418
社会人口 C2	x_4	人口自然增长率/%	2	5	10	0.0753
	x_5	人口密度/人·km^{-2}	250	400	700	0.0848
	x_6	城镇化水平/%	30	40	60	0.0388
资源状况 C3	x_7	人均水资源量/m^3/人	2050	1350	650	0.1073
	x_8	人均粮食产量/t/人	0.4	0.25	0.15	0.0819
	x_9	建成区绿化覆盖率/%	45	35	25	0.0347
	x_{10}	人均道路面积/m^2	8.5	5.5	2.5	0.0987
环境保护 C4	x_{11}	万元 GDP 废水排放量/t/万元	2	5	10	0.0891
	x_{12}	万元 GDPSO$_2$ 排放量/kg/万元	1.5	3	5	0.1248
	x_{13}	工业固体废物综合利用率/%	95	65	35	0.0426
	x_{14}	污水集中处理率/%	60	40	20	0.021
	x_{15}	生活垃圾无害化处理率/%	100	80	60	0.0448

　　注:由于目前国内外除了环境质量指标评价的标准统一外,其他评价标准的统一还并未得到公认。为使评价指标结合实际,且不失可比性,在本研究中选定:①对于"增长率""百分率""单位均值"类型指标,可根据国内外不同类型的社会经济发展水平,制定出适合于不同发展时期承载力的 3 级标准;②对于无法用上述标准确定的指标,结合具体经济情况和规划制定 3 级标准。

（2）河南省各城市资源环境承载力评价及分析

鉴于本书的评价指标体系，参考《河南省统计年鉴》和《中国城市统计年鉴》等统计资料，得到 2012 年有关指标数据，并初步得知，河南省各指标数据隶属于Ⅱ、Ⅲ级者居多，其资源环境承载状况可以初步判定为不容乐观。根据中原经济区各评价指标的实际值，各评价指标实际值所处等级的联系数可依照（4-2）、（4-3）的联系度表达式计算得出。资源环境综合承载力所属级别可以结合置信度准则判定，见表 4-2。依照同样的置信度准则判断方法可以计算经济系统指数、社会系统指数、环境保护指数、资源利用指数 4 个子系统指数对不同评价级别的联系度数所属级别，计算结果见表 4-3。

从计算结果来看，河南省资源环境承载力所属级别以Ⅱ、Ⅲ级居多，资源环境承载力的状况不容乐观。在各个子系统中，经济系统所属级别为Ⅰ、Ⅱ、Ⅲ的城市数目分别为 0、7、11；社会系统所属级别为Ⅰ、Ⅱ、Ⅲ的城市数目分别为 0、6、9；资源系统所有城市所属级别均为Ⅲ；环境系统所属级别为Ⅰ、Ⅱ、Ⅲ的城市数目分别为 0、11、7。总承载力级别为Ⅰ、Ⅱ、Ⅲ的城市数目分别为 0、8、10。这表明随着经济增长以及工业化进程的加速，河南省在社会经济方面取得了较好的发展，但是在资源利用、环境保护方面压力却也凸显。换句话说，中原经济区在现阶段资源利用方式还是以粗放型消耗型为主，尽管资源利用效率逐步提高，但是这种资源利用方式对资源承载压力也相对明显。由于经济社会的快速发展，中原经济区的城市垃圾污染较大，工业"三废"排放量大，水资源紧缺、耕地面积减少，给经济区资源环境承载力带来了威胁。

表 4-2　河南省资源环境承载力综合评价判断结果

地区	$\sum_{n=1}^{N} \omega_n a_n$	$\sum_{n=1}^{N} \omega_n b_n$	$\sum_{n=1}^{N} \omega_n c_n$	λ	级别
郑州市	0.233	0.477	0.290	0.7	Ⅱ
开封市	0.337	0.275	0.389	0.7	Ⅲ
洛阳市	0.300	0.300	0.400	0.7	Ⅲ

续表

地区	$\sum_{n=1}^{N} \omega_n a_n$	$\sum_{n=1}^{N} \omega_n b_n$	$\sum_{n=1}^{N} \omega_n c_n$	λ	级别
平顶山	0.340	0.273	0.387	0.7	Ⅲ
安阳市	0.387	0.239	0.374	0.7	Ⅲ
鹤壁市	0.366	0.151	0.483	0.7	Ⅲ
新乡市	0.392	0.190	0.419	0.7	Ⅲ
焦作市	0.341	0.301	0.358	0.7	Ⅲ
濮阳市	0.439	0.248	0.313	0.7	Ⅲ
许昌市	0.449	0.289	0.262	0.7	Ⅱ
漯河市	0.279	0.445	0.276	0.7	Ⅲ
三门峡市	0.389	0.253	0.358	0.7	Ⅲ
南阳市	0.313	0.429	0.257	0.7	Ⅱ
商丘市	0.200	0.484	0.316	0.7	Ⅲ
信阳市	0.335	0.435	0.230	0.7	Ⅱ
周口市	0.423	0.317	0.261	0.7	Ⅰ
驻马店市	0.374	0.413	0.213	0.7	Ⅱ
济源市	0.377	0.287	0.336	0.7	Ⅲ

表 4-3 中原经济区各地级市各子系统资源环境承载力评价结果

地区	C1	C2	C3	C4	C
郑州市	Ⅱ	Ⅲ	Ⅲ	Ⅱ	Ⅱ
开封市	Ⅱ	Ⅲ	Ⅲ	Ⅲ	Ⅲ
洛阳市	Ⅲ	Ⅱ	Ⅲ	Ⅲ	Ⅲ
平顶山市	Ⅲ	Ⅲ	Ⅲ	Ⅲ	Ⅲ
安阳市	Ⅲ	Ⅲ	Ⅲ	Ⅲ	Ⅲ
鹤壁市	Ⅲ	Ⅲ	Ⅲ	Ⅲ	Ⅲ
新乡市	Ⅲ	Ⅲ	Ⅲ	Ⅲ	Ⅲ
焦作市	Ⅲ	Ⅲ	Ⅲ	Ⅱ	Ⅲ
濮阳市	Ⅲ	Ⅲ	Ⅲ	Ⅱ	Ⅱ

地区	C1	C2	C3	C4	C
许昌市	Ⅲ	Ⅲ	Ⅲ	Ⅱ	Ⅱ
漯河市	Ⅲ	Ⅲ	Ⅲ	Ⅱ	Ⅱ
三门峡市	Ⅲ	Ⅱ	Ⅲ	Ⅲ	Ⅲ
南阳市	Ⅲ	Ⅱ	Ⅲ	Ⅱ	Ⅱ
商丘市	Ⅲ	Ⅱ	Ⅲ	Ⅲ	Ⅲ
信阳市	Ⅱ	Ⅱ	Ⅲ	Ⅱ	Ⅱ
周口市	Ⅲ	Ⅲ	Ⅲ	Ⅱ	Ⅱ
驻马店市	Ⅲ	Ⅱ	Ⅲ	Ⅱ	Ⅱ
济源市	Ⅲ	Ⅱ	Ⅲ	Ⅲ	Ⅲ

4.2.3 结论与启示

资源环境承载力的评价方法有很多,本书在对资源环境承载力系统进行子系统分类的基础上,结合集对分析法和置信度准则法,对子系统所处评价等级的隶属情况进行了清晰的描述,反映了各子系统及总系统的资源环境承载状况,评价结果科学直观且不失操作性,能较好地应用于资源环境承载力评价。

经济社会资源环境作为一个极其复杂的巨系统,其资源环境承载力强弱要受到环境容量、人类社会资源开发与供给、资源利用方式与保护等多方面影响。因此,为实现河南省资源环境的可持续利用,必须从经济活动、社会发展、资源利用、环境保护 4 个子系统入手,实现各系统的均衡发展。为实现经济—社会—资源—环境复合系统的协同发展,可以采取一些具体的调整措施,实现区域资源环境的可持续利用和承载力的提升。

(1)加大污染减排力度,提高资源环境承载力。河南省正处于一个经济社会加速发展的时期,但其资源环境承载力发展态势却与经济社会发展形成了较大的反差。应结合各地区实际情况,以国务院批复的《中原经济区规划》为指导,根据各区域的资源优势、环境特征承接符合当地实际情况的产业,坚持绿色低碳和可持续发展理念,严格控制污染物总量,提高资源的利用率,实现低碳承接产业转移,实现环境容量高效利用,提高土地集约水平,加强生态建设和环境保护,提高资源集约利用水平。

(2)构建生态补偿机制,保证资源环境承载力的稳定和优化。自然资源是人类赖以生存和发展的物质基础,它的数量、质量及其开发利用程度会对经济社会发展产生重要的影响。因此,必须对河南省现有资源禀赋状况进行深入认识的基础上,重新有效配置自然资源,减少资源浪费,减轻资源缺乏带来的压力,具体来说就是各级政府要通过创新体制,构建生态补偿机制,为河南省资源环境承载力的提升提供有力的保障和重要的支撑。在生态补偿机制中引入市场机制,对各种资源产权进行明晰和合理定价,依靠政策干预弥补市场失灵。对于重大项目环境影响要建立评价制度和领导目标责任制,将环保纳入政府绩效考核,建立健全公共监督机制,充分发挥公众对资源开发和环境保护的监督作用。

(3)提升河南省资源环境承载力,必须进行生态文明建设的制度创新。以资源节约为核心目标推进自然资源制度创新供给:包括资源价格形成机制改革、资源产权制度改革、资源税费制度改进、资源管理制度完善(推进一体化管理)等;以提升环境质量为核心目标推进环保制度创新,包括建立健全生态文明建设的一体化管理服务体制,修改、完善和制定生态文明建设的相关法律法规,推进环境评价制度、污染者付费制度、企业环境行为信用评价制度、环境信息公开制度、环境舆论预警机制和环境事件紧急处理机制、生态环境保护责任追究制度和环境损害赔偿制度等。

(4)河南省"三化"建设和协调中,要注重发展高技术产业和现代服务业等对资源环境依赖度低的产业,不断提高经济区环境资源的可持续发展能力。中原经济区建设,核心是"三化"协调。以河南省为主导的中原经济区目前处于工业化中期阶段,和东南沿海发达地区相比,农业人口多、工业基础弱、经济底子薄、人均水平低。在城镇化和工业化发展过程中，容易出现可耕地面积减少、粮食减产，资源环境约束强化、节能减排压力加大等突出矛盾和问题。因此，在"三化"建设中，协调是关键。要构建资源节约、环境友好的生产方式和消费方式，发展高技术产业和现代服务业等对资源环境依赖度低的产业，积极运用集约利用资源的新技术、新工艺，提高资源利用率，降低经济发展对资源环境的依赖程度，不断提高可持续发展能力。

第5章 资源约束下的河南省产业结构优化问题研究

资源的分类有很多种,包括土地资源、水资源、能源、矿产等,由于数据可得性的限制,本部分以能源约束和水资源约束为例,分析河南省产业结构优化问题。

5.1 以能源约束为例

5.1.1 能源约束下河南省能源消费与经济增长

(1)河南省能源消费、能源效率现状及存在的问题

①对河南省能源消费、能源效率的现状分析

河南省是一个能源消费的大省,随着河南省经济的快速发展,对能源的需求也是与日俱增。"十二五"期间是河南省中原经济区建设的关键时期,也是中原崛起和河南省经济振兴的关键时期,在此期间河南省能源消费总量是持续走高的趋势。

由图5-1可以看出,自从1990年开始河南省能源消费总量是持续走高的趋势,1990年河南省的能源消费总量为5206万吨标准煤,而2014年河南省的能源消费总量为22890万吨标准煤,是1990年能源消费量的4倍。特别从2001年到2008年增长更快,这8年的增长率都在5%以上。从图5-1可以看出从1990年到2014年这25年间,2004年能源消费增长率达到峰值。在2012年后的几年有所放缓,在2013年还出现了负增长,这是源于近年

来河南省节能减排政策实施及能源利用效率的提高。

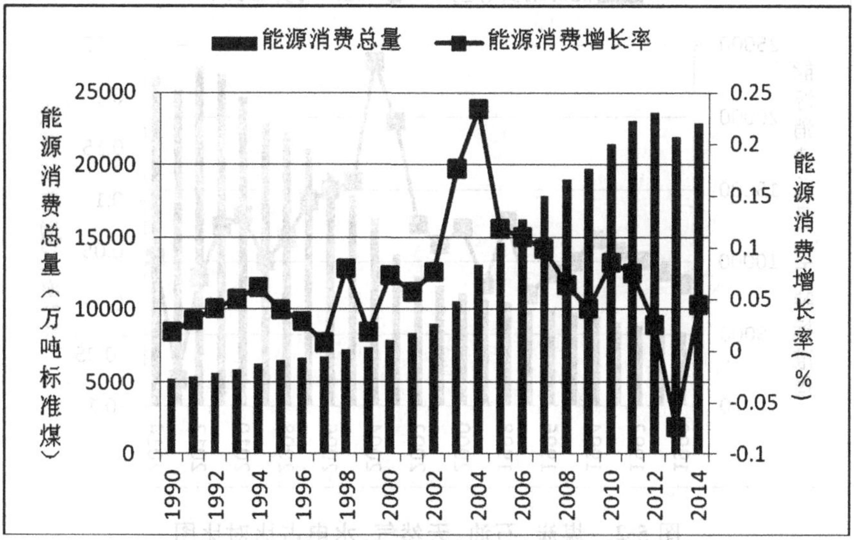

图 5-1　河南省能源消费总量及增长状况

　　在能源消费中能源的消费结构也很重要,在河南省能源消费总量中,煤炭所占的总量最大,生物质能、太阳能等新能源占比几乎为零。煤炭与其他化石燃料相比,在我国的存储量相对较多,并且它也相对而言较容易开发利用,由于经济发展水平有限,那些清洁的可再生能源还不能达到商业化利用的水平。在 2010 年以前,煤炭的消费量占能源消费总量的 80% 以上,在 2012 年以后占比约为 77%。

　　由图 5-2 可以看出,从 1990 年到 2009 年,煤炭消费总量几乎占到能源消费总量的 90%,其他能源的占比在 10% 左右,从 2010 年开始煤炭消耗量占比开始下降,但是也在 80% 以上且化石燃料在能源消费总量中达到 90% 以上。这是由于近年来新能源的开发利用以及煤炭资源约束的日益强化。

　　能源效率是指单位能源消耗所带来的经济效益,是国内生产总值与能源消耗总量的比值。这里的国内生产总值用实际 GDP 来表示,能源效率为国内生产总值与能源消耗总量的比值。

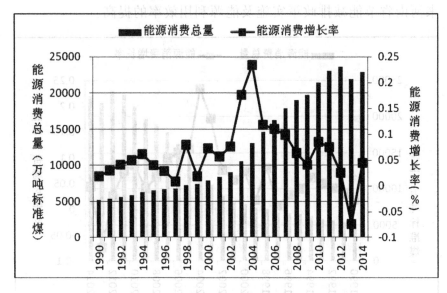

图 5-2　煤炭、石油、天然气、水电占比对比图

由图 5-3 可知,河南省能源效率在 1990 年到 2014 年的 25 年里持续走高。从 1997 年到 2004 年是缓慢增长阶段,2004 年到 2013 年是快速增长阶段。2004 年的能源效率是 1997 年能源效率的 1.23 倍,而同样是经历 8 年,2011 年的能源效率是 2004 年能源效率的 2.11 倍。这是由于随着经济的发展,科学技术也在不断地进步,1990 年河南省专利的授权量为 621 项,而在 2014 年河南省专利的授权量为 33366 项。可见能源效率的提高得益于科学技术的进步。

图 5-3 是河南省能源效率与全国能源效率对比图。河南省和全国的能源效率都是持续走高的趋势。但总的来说,全国的能源效率要高于河南省经济效率(比如 2014 年河南省的能源效率为 0.015,全国的能源效率为 0.017)。这说明河南省的能源效率要低于全国的平均水平。河南省是全国第一人口大省,经济水平与我国的发达地区相比是落后的,但是能源消费比其他发达省份要多,因此河南省的能源效率比较低。

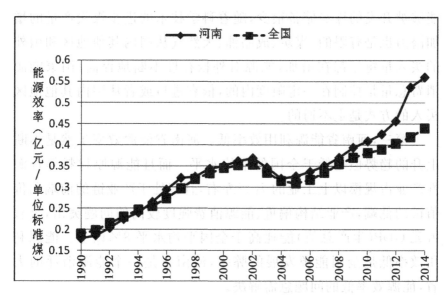

图 5-3　河南省能源效率与全国能源效率对比

②河南省能源发展中存在的问题

从河南省能源消费、效率的现状可以看出河南省能源发展存在一些急需改变的问题。

第一,河南省能源消费结构单一。在上文的分析中,从 1990 年到 2014 年煤炭消耗占河南省能源消耗总量的 80% 以上,煤炭、石油和天然气的消耗量占河南省能源消费的 90% 以上,而生物质能、太阳能等新兴可再生能源在河南省能源消费的占比中几乎为零。煤炭是一种不可再生能源,同样地,石油和天然气也是不可再生能源。而且煤炭近年来的平均消费量占能源消费总量的 80% 左右,比全国平均水平高 10 个百分点。河南省水能资源基本开发殆尽,太阳能、风能、生物质能等可再生能源在短时间内很难有效替代那些不可再生能源,以煤为主的能源结构在短期期内也很难改变。

第二,河南省资源约束日趋紧张。例如,2005 年河南省一次能源的生产总量为 14500 万吨标准煤,而一次能源的消耗总量为 14600 万吨标准煤。2010 年河南省一次能源的生产总量为 18700 万吨标准煤,而一次能源的消费总量为 21400 万吨标准煤。而且能够被开发的煤炭储备很少,随着科学技术的进步煤炭产量的增加潜力也是有限的,煤炭、成品油、天然气从国内其他地区和国外的买入量每年都在增加,能源对外依存度不断地提高;国家能源消费总量是控制在一定限度内的,依靠进口或者从国内其他地区买入的方式是走不通的。

第三,河南省能源利用效率低。河南省能源效率虽然是不断上升的趋势但是低于全国的平均水平。而且能源原材料等资源性产业占规模以上工业的 70%左右,且多处于产业链的前端和价值链的低端,产业结构偏重、能源消费强度较高的问题突出,全省万元 GDP(生产总值)能耗高于全国平均水平 8%以上。能源利用效率低是全国能源发展的弊病,河南省是一个能源消耗的大省,能源效率低的问题急需解决。

第四,河南省能源发展存在一些薄弱环节亟待改善。地处我国中部的河南省夏季炎热,冬季寒冷。但是在河南省的广大农村地区,经常会出现三伏天停电的现象,在冬天也没有集中供暖。而且河南省有许多没有先进装备作为配套的小煤厂,这既危害了采煤工人的生命安全,又降低了采煤的效率,影响煤炭的产量。对于以上能源发展中存在的问题,需要科学的方法进行解决,对河南省能源危机防患于未然。

(2)河南省能源消费总量、能源效变化率与经济增长率的比较分析

通过上文的分析可知,河南省的能源消费量和 GDP 随着时间的变化不断地增加,能源效率随着时间的变化而不断地提高。能源消费、能源效率与经济增长的变化趋势是一样的。根据经济学增长理论,能源是促进经济增长的重要因素之一,能源作为一种自然资源是经济发展重要的物质基础。但是经济的快速增长使得能源的消费量不断地上升,而在新的可替代的可再生能源被找到之前,就会有面临能源危机的危险。从这层来说,能源又会限制经济的增长。通过对能源消费总量增长率、能源效率增长率与经济增长率的比较有助于相关政策的制定。表 5-1 所

包含的内容是能源消费、能源效率的变化率与经济增长率的
数据。

表 5-1　能源消费、能源效率与经济增长状况

年份	能源消费变化率	能源效率变化率	经济增长率
1990	0.018	0.079	0.228
1991	0.030	0.086	0.092
1992	0.041	0.176	0.158
1993	0.050	0.236	0.193
1994	0.062	0.257	0.151
1995	0.040	0.296	0.310
1996	0.028	0.183	0.220
1997	0.009	0.102	0.158
1998	0.079	−0.012	0.116
1999	0.019	0.029	0.052
2000	0.073	0.042	0.085
2001	0.057	0.036	0.073
2002	0.076	0.014	0.089
2003	0.177	−0.033	0.108
2004	0.234	0.009	0.167
2005	0.119	0.106	0.218
2006	0.110	0.052	0.150
2007	0.099	0.105	0.143
2008	0.064	0.128	0.154
2009	0.041	0.039	0.141
2010	0.085	0.092	0.122
2011	0.076	0.084	0.125
2012	0.025	0.072	0.116
2013	−0.073	0.174	0.077
2014	0.045	0.039	0.088

从表5-1可以看出,能源消费的增长率还有负增长的情况,负增长是因为能源消费与前期相比,消费总量下降。能源效率的增长率也有负增长的情况,这是单位能源消耗所带来的GDP有所下降,这不能说明能源转换效率的下降,只能说明由能源消费所带来的经济效益下降。能源消费不是促进经济增长的唯一要素,经济增长的驱动因素有很多,能源效率为负值只能说明由能源消费带来的经济产值的下降。而且通过对以上图表中数据进行对比,河南省经济增长率要高于能源消费增长率和能源效率增长率。能源效率与能源消费相比,从1990年到2014年的25年间,能源效率的增长率多数是大于能源消费增长率。这种经济增长率高于能源消费增长率和能源效率增长率的情况说明河南省并不是一个完全依靠高能耗的工业获得经济增长的省份。能源消费在增加,能源效率也在增加,能源效率的增长率又比能源消费的增长率高,这说明河南省的能源利用率在不断地提高。综上所述,虽然河南省经济与发达省份相比还有所欠缺,就能源发展而言,河南省经济增长还是有巨大潜力的,河南省经济在向着好的方向发展。

(3)河南省能源消费、能源效率与经济增长的实证分析

①脱钩模型的建立

从前面分析可以得出,能源消费、能源效率与经济之间存在着一定的关系,它们的变动趋势相同。在相同的变动趋势下它们隐藏着怎样的关系是本章要分析的内容。对于河南省能源消费、能源效率与经济增长关系的实证分析将采用脱钩模型。经济合作与发展组织将脱钩定义为经济增长与环境压力之间相互关系的破裂。在本章中将能源消费和能源强度类比为环境压力来探讨经济增长与它们之间的关系。

按照物理学的定义是指切断两个或多个物理量间的响应关系。目前对经济增长与环境压力的脱钩关系研究主要采用的模型是OECD脱钩模型和Tapio脱钩模型。与OECD脱钩模型相比,Tapio脱钩模型更具有客观性和准确性,而且分析更加精确。

将会借鉴 Tapio 脱钩模型的评价标准采用弹性脱钩方法建立了经济增长与能源消费的脱钩模型,公式如下:

$$m=\frac{\Delta E}{\Delta G},\Delta E=\frac{E_i-E_{i-1}}{E_{i-1}},\Delta G=\frac{G_i-G_{i-1}}{G_{i-1}} \quad (5-1)$$

在式(5-1)中 m 为脱钩弹性系数,ΔE 是指能源消费变化率,E_t 是 t 期的能源消费总量,E_{t-1} 消费总量是 $t-1$ 期的能源消费总量。ΔG 是国内生产总值变化率,G_t 是 t 期的实际 GDP,G_{t-1} 是 $t-1$ 期的实际 GDP,实际 GDP 是当期的名义 GDP 与 CPI 的比值。由于 ΔE、ΔE 和 m 的不同,因此对脱钩还可以进行更加明细的划分,可分为六类:扩张性负脱钩、弱脱钩、强脱钩、衰退性负脱钩、弱负性脱钩和强负性脱钩。六种脱钩类型可以在图 5-4 中表示出来。

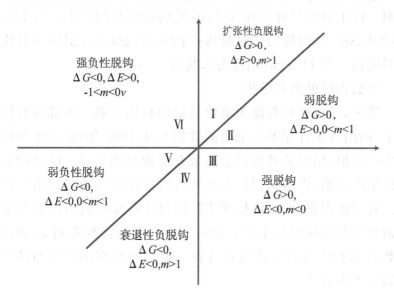

图 5-4　脱钩关系分类图

在图 5-4 中,六种脱钩模型分别位于Ⅰ、Ⅱ、Ⅲ、Ⅳ、Ⅴ和Ⅵ区域内,强脱钩是经济持续增长的理想状态,它呈现的状态是随着经济的增长,能源消费反而越来越少。

能源效率是指单位能源消耗的产值,它是广义的能源效率。能源强度是指单位产值的能源消耗,它反映了经济对能源的依赖程度,能源效率与能源强度在数值上互为倒数,因此它也可以反映能源效率。随着经济的增长,由第 2 章可以看出能源消费是在不断上升的,能源强度换个角度讲就是能源压力。经济增长与能源效率的关系可以用能源强度与经济增长的关系来反映。对于经济增长与能源效率的关系研究也可以用脱钩分析,可以建立如下模型。

$$D = \Delta G - \Delta R, \Delta R = \frac{R_i - R_{i-1}}{R_{i-1}} \tag{5-2}$$

在式(5-2)中 D 为脱钩指数,ΔR 为能源强度的变化率,R_t 为 t 期的能源强度,R_{t-1} 为 $t-1$ 期的能源强度,ΔG 与上文中的一样,在此不做详细的解释。R 是能源强度,即能源消费总量与国内生产总值的比值,具体数值与算法将会在下一章进行详细的说明。以上模型是建立在 Vehem 脱钩模型基础之上。当 $D > 0$,$\Delta G > 0$,$\Delta R > 0$ 时称为相对脱钩;当 $D > 0$,$\Delta G > 0$,$\Delta R < 0$ 时称为绝对脱钩。当 $D \leqslant 0$ 时则称为未脱钩。

②数据的处理及分析

第一,经济增长与能源消费总量的脱钩关系。本部分数据来源于《河南省统计年鉴》,采用的数据是从 1989 年到 2014 年的国民生产总值、居民消费价格总指数和能源总消费量。G 是指实际国民生产总值,即名义国民生产总值与居民消费价格总指数的比值。对于能源强度,也将按照实际国民生产总值进行计算即能源总消费量与实际国民生产总值的比值。脱钩弹性系数 m 和脱钩指数 D 按照上述的公式进行计算。通过对数据的处理与计算得到表 5-2 的结果。

表 5-2　1990—2014 年经济增长与能源消费脱钩关系分布表

年份	G_t	ΔG	E	ΔE	m	脱钩关系
1990	9.282	0.228	5206	0.018	0.062	Ⅱ
1991	10.222	0.092	5363	0.030	0.298	Ⅱ
1992	12.142	0.158	5583	0.041	0.218	Ⅱ
1993	15.038	0.193	5862	0.050	0.210	Ⅱ
1994	17.706	0.151	6225	0.062	0.349	Ⅱ

续表

年份	G_t	ΔG	E	ΔE	m	脱钩关系
1995	25.651	0.310	6473	0.040	0.089	Ⅱ
1996	32.893	0.220	6654	0.028	0.099	Ⅱ
1997	39.044	0.158	6711	0.009	0.046	Ⅱ
1998	44.187	0.116	7244	0.079	0.603	Ⅱ
1999	46.625	0.052	7380	0.019	0.340	Ⅱ
2000	50.937	0.085	7919	0.073	0.790	Ⅱ
2001	54.945	0.073	8367	0.057	0.719	Ⅱ
2002	60.295	0.089	9005	0.076	0.783	Ⅱ
2003	67.595	0.108	10595	0.177	1.458	Ⅰ
2004	81.156	0.167	13074	0.234	1.166	Ⅰ
2005	103.721	0.218	14625	0.119	0.427	Ⅱ
2006	122.041	0.150	16234	0.110	0.623	Ⅱ
2007	142.433	0.143	17838	0.099	0.591	Ⅱ
2008	168.397	0.154	18976	0.064	0.350	Ⅱ
2009	195.980	0.141	19751	0.041	0.249	Ⅱ
2010	223.115	0.122	21438	0.085	0.617	Ⅱ
2011	255.029	0.125	23061	0.076	0.529	Ⅱ
2012	288.648	0.116	23647	0.025	0.193	Ⅱ
2013	312.841	0.077	21909	−0.073	−0.877	Ⅲ
2014	342.868	0.088	22890	0.045	0.467	Ⅱ

由表 5-2 可以看出,从 1990 年到 2014 年河南省经济增长率几乎都在 7% 以上,只有在 1999 年的时候出现过 5.2% 的增速。在 1995 年河南省经济竟达到了 31% 的增长速度。而且从 1992 年到 1998 年以及从 2003 年到 2012 年河南省的经济增长率都在 10% 以上。1999 年到 2002 年是经济增速下降后的回暖期,不过增速也都在 5% 以上。2013 年和 2014 年经济增长率在 8% 左右,这是因为此时我国的经济已经开始步入新常态阶段。总体而言

河南省能源消费的增长率小于经济的增长率。能源消费在 2013 年还出现了负增长，但在 2004 年出现了高达 23.4% 的增长率。经济增长与能源消费的弹性系数在从 1990 年到 2004 年的这 25 年里除 2003 年和 2004 年的值大于 1 及 2013 年的值小于 0 外，其他年份的值都在 0 到 1 之间，即几乎都在第 II 区域内，能源消费与经济增长呈现弱脱钩关系。在 2003 年和 2004 年是扩张性负脱钩关系，2013 年是强脱钩关系。总而言之，就最近的几十年而言经济增长与能源消费的脱钩关系还是不够理想。就近三年而言，m 的值都在 0.5 以下，而且在 2013 年达到强脱钩的关系。可见近几年河南省的节能减排措施还是有些成效的。

第二，经济增长与能源强度的脱钩关系。由上文的分析可知能源消费与经济增长之间存在着弱脱钩关系，而能源强度是由能源消费和经济两者通过比值的关系得到的，与能源消费相比，经济增长与能源强度的关系更类似于经济增长与环境压力之间的关系，以下是通过数据统计得出的结果。

表 5-3　1990—2014 年经济增长与能源强度脱钩关系分布表

年份	R	ΔR	符号	ΔG	符号	D	符号	脱钩关系
1990	560.899	−0.214	−	0.228	＋	0.214	＋	绝对脱钩
1991	524.643	−0.065	−	0.108	＋	0.065	＋	绝对脱钩
1992	459.815	−0.124	−	0.052	＋	0.124	＋	绝对脱钩
1993	389.816	−0.152	−	0.116	＋	0.152	＋	绝对脱钩
1994	351.570	−0.098	−	0.220	＋	0.098	＋	绝对脱钩
1995	252.346	−0.282	−	0.092	＋	0.282	＋	绝对脱钩
1996	202.292	−0.198	−	0.073	＋	0.198	＋	绝对脱钩
1997	171.881	−0.150	−	0.089	＋	0.150	＋	绝对脱钩
1998	163.939	−0.046	−	0.167	＋	0.046	＋	绝对脱钩
1999	158.285	−0.034	−	0.077	＋	0.034	＋	绝对脱钩
2000	155.465	−0.018	−	0.310	＋	0.018	＋	绝对脱钩
2001	152.278	−0.021	−	0.085	＋	0.021	＋	绝对脱钩

续表

年份	R	ΔR	符号	ΔG	符号	D	符号	脱钩关系
2002	149.350	−0.019	−	0.125	＋	0.019	＋	绝对脱钩
2003	156.741	0.049	＋	0.088	＋	−0.049	−	未脱钩
2004	161.098	0.028	＋	0.158	＋	−0.028	−	未脱钩
2005	141.003	−0.125	−	0.122	＋	0.125	＋	绝对脱钩
2006	133.020	−0.057	−	0.218	＋	0.057	＋	绝对脱钩
2007	125.238	−0.059	−	0.141	＋	0.059	＋	绝对脱钩
2008	112.686	−0.100	−	0.116	＋	0.100	＋	绝对脱钩
2009	100.780	−0.106	−	0.193	＋	0.106	＋	绝对脱钩
2010	96.085	−0.047	−	0.158	＋	0.047	＋	绝对脱钩
2011	90.425	−0.059	−	0.154	＋	0.059	＋	绝对脱钩
2012	81.923	−0.094	−	0.151	＋	0.094	＋	绝对脱钩
2013	70.032	−0.145	−	0.143	＋	0.145	＋	绝对脱钩
2014	66.760	−0.047	−	0.150	＋	0.047	＋	绝对脱钩

由表 5-3 可知,从 1990 年到 2014 年除了 2003 年和 2004 年,经济增长与能源强度的关系表现为绝对脱钩。这说明随着河南省经济的增长,能源效率也在不断地提升,当河南省经济高度发展的时候,经济对能源依赖将会很小这也间接地说明了,从能源的角度,河南省的经济是可以持续增长的。虽然是绝对脱钩,但是 D 值很小,基本都小于 0.1,因此这种强脱钩关系比较弱,尽管可以说明随着经济的发展,经济增长对能源的依赖程度会越来越小。但是从现阶段而言,这种趋势还是很弱的。能源强度是能源效率的倒数,河南省的能源效率一直在提升,但不能说明目前河南省的能源效率已经到达最优值,能源效率还有待提升。

5.1.2　河南省产业结构变动对能源效率的影响分析

(1)能源效率的影响因素分析

众多文献大都认为,产业结构变动、技术进步、能源价格、能源消费结构等是影响能源效率的重要因素,这几种因素在不同的时期相互作用,同时又在不同的作用阶段产生不同的影响程度。其中,产业结构变动与技术进步被众多研究者认为是最重要的两个影响因素。现有文献在分析能源效率的问题时一般以能源强度为工具进行研究,能源强度越低,能源效率越高。能源强度等于单位 GDP 所消耗的能源量。本书以产业能源消耗量比产业增加值表示。

①产业结构变动对能源效率的影响

产业结构具有层次性:"在第一层次是第一、二、三次产业;在第二层次上是制造业、工业内部中的轻重工业;在第三层次上是产业内部结构,如工业内部的部门结构等"(王岳平,2004)。因此,当研究产业结构变动对能源效率的影响时应从两个方面来分析,分别是产业结构间变动和产业结构内变动。

首先是产业结构间变动对能源效率的影响。一、二、三次产业由于其生产性质不同,故其能源强度也有较大的不同。显而易见,倘若社会经济中能源强度的产业所占的比例较大,那么总的能源效率就会高一点。反之,结果就会相反。还有就是,一、二、三次产业的能源消费弹性系数是不同的,因此当一个产业的能源消费弹性系数较小且自身发展较慢时,就会促进整个国民经济的能源效率提高。

众多文献表明,三次产业中,以第一产业的能源强度为最低,第三产业较高,第二产业,特别是其中的工业,能源强度最高。由于能源强度的不同,三次产业在国民经济中的比例变化会直接导致一国的能源效率变化。有关研究表明,如果我国国民经济中,第二产业的比例降低 1%,而第三产业的比例提高 1%,就会导致平均一万元 GDP 的能源消耗量降低 1%。

有关证据表明,美国、日本、德国等发达国家于 20 世纪 80 年代都有通过改变本国的产业结构措施,特别是提高第三产业占国民经济的比重,降低第二产业尤其是工业在国民经济中比例的办法,最终提高了本国国民经济的能源效率,促进了社会的极大发展。

其次是产业结构内变动对能源效率的影响。三次产业间由于生产性质的不同,各自的能源强度也不同。统一产业内的不同行业也不例外,不同的行业有不同的能源强度。以第二产业为例,第二产业主要包含轻工业和重工业。三次产业中,第二产业占据较大的比重,且能源强度最大,而轻重工业在第二产业中占有较大的比例。故当第二产业内部发生产业结构变动,特别是轻重工业的比例发生变动时,整个国民经济的能源效率也会随之变化,由于工业能耗在第二产业能耗中占据着主要地位,而第二产业又在三次产业中占据着最大的比重,同时工业内部各部门的能源强度又是有差异的,因此,工业内部各部门的增长速度、比重和能源消费弹性便直接影响着整个国民经济的能源效率。概括来说,当产业内部能源强度较大的行业在国民经济中的比例增长较快时,国民经济的效率会有所下降;反之当大力发展能源强度较小的行业时,使其在国民经济中的分量增加时,国民经济的效率就会有很大程度的提高。

具体地说,就是通过改善产业内的结构,使高耗能产业占据的比例减小,低耗能的产业(如高新技术产业和装备制造业、服务业)等占据的比例增加,就会使河南省的能源效率有较大的提高。

②技术进步及其他因素对能源效率的影响

首先是技术进步对能源效率的影响。技术进步通常指的是生产工具的改进,生产关系的改善,以及高新技术的发明。这些改变能够使生产效率提高。从开采业来看,更先进的勘测技术,更先进的开采工具,更合理的人员安排能够促进更少的人完成更高的工作量。在加工制造业,先进的制造理念,更有效的制造工具,操作技术的不断改进,都会促进生产单个产品所消耗能量的降低,该行业的能源效率也会随之提高。

技术进步对国民经济发展的促进作用显而易见,更高的能源效率,代表着同样的能耗会产生更高的生产总值。通常来说,技术的进步一旦出现就不会消失,也就是说,技术进步对能源效率的提高是不会倒退的,技术进步始终会提高能源消率。技术进步对各个产业的影响是相同的。

其次是能源价格等其他因素对能源效率的影响。合理的能源价格能促进社会生产关系更加合理,进而促进生产、销售更加合理。价格这只无形的手能够在一定程度上使得能源生产与消费的成本更加合理和能源结构更趋完善。单纯的商业竞争会因能源的巨大利润产生商业垄断,或因消费者的恶性竞争抑制能源行业的发展。因此能源价格应该由政府统一制定,而不应由生产者或消费者掌控,否则,能源生产部门就会因为利润过高或毫无利润而失去节能降耗的动力和能力。

除了产业结构变动、技术进步、能源价格三种因素能够影响能源效率外,还有能源消费结构、市场化程度、对外开放程度等因素。不同的因素共同作用于能源效率,其产生的影响程度也有所不同。大多文献认为,产业结构变动和技术进步这两个因素是最重要的影响因素。

(2)河南省产业结构变动对能源效率影响的实证分析

①河南省能源消费结构、能源强度的变化

从能源消费总量以及各产业部门的能源消费量上来看,河南省 2000—2014 年(由于数据可得性的限制,时间遴选范围为 2000—2014 年)能源消费总量及各产业部门的能源消费量如表 5-4 所示。

表 5-4　河南省 2000—2014 年各产业部门的能源消费量

单位:万吨标准煤

年份	能源消费总量	第一产业	第二产业	第三产业	生活消费
2000	4176.404	144.21	2998.914	272.86	760.42
2002	5938.65	149.11	4798.50	259.70	731.34
2004	11140	257.40	9368.46	570.44	943.70
2006	16234	482.96	13052.64	1101.75	1596.65
2008	18976	485.44	15566.55	1262.04	1661.97
2010	21438	545.04	16542.61	2306.12	2044.23
2011	23061	644.55	17727.63	2153.25	2535.57

续表

年份	能源消费总量	第一产业	第二产业	第三产业	生活消费
2012	23647	696.67	17555.31	2449.71	2945.31
2013	24755.94	740.15	18317.19	2621.28	3077.32
2014	22890	601.38	16983.26	2824.29	2481.07

从图 5-5 中我们可以看出,河南省 2000—2014 年间能源消费总量及各产业部门的能源消费量均经历了不同程度的增长:其中,能源消费总量和第二产业用能在 2002—2011 年间均经历了最大程度上的增加。在整个 2000—2014 年间,第一产业、第三产业用能和生活用能则在此期间增长速度加快。

从能源消费结构来看,图 5-5 显示了 2000—2014 年河南省各产业部门能源消费量占总消费量的百分比数值和趋势。

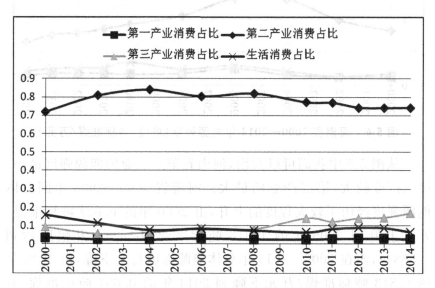

图 5-5　河南省 2000—2014 年各产业部门能源消费量占总能源消费量百分比

如图 5-5 所示,从各产业在 2000—2014 年能源消费占总能源消费比重的角度来看:第一产业用能自始至终占据着主要地位,基本上保持在总能源消费量的 70% 以上;而第三产业用能比重总体上处于上升趋势,在总用能量中所占的比重在 2011 年超过 10%,在 2012 年达到其最大比重 12.5%。生活用能所占比重排在第二产业之后,在此期间所占比重逐渐下降,从 2000 年的 18.2%降到 2014 年的 10.9%。

根据河南省 2000—2014 年能源消费总量及各产业部门能源消费量以及地区 GDP 和各产业增加值的数据可以算出在此期间河南省的能源强度(吨标准煤/万元),如图 5-6 所示。

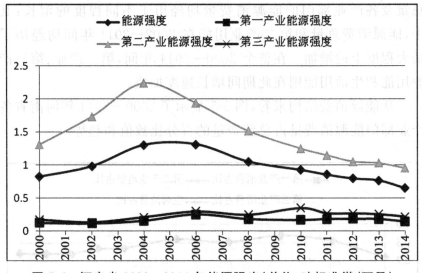

图 5-6　河南省 2000—2014 年能源强度(单位:吨标准煤/万元)

从图 5-6 中我们可以看出,河南省第一产业的能源强度最小,第三产业较大,第二产业的最大。河南省 2000—2006 年间总体能源强度经历了较大程度的上升,由 2000 年的 0.827 吨标准煤/万元上升到 2006 年的 1.313 吨标准煤/万元,上升幅度达到 0.588%,而在 2006—2014 年总体能源强度持续下降,由 2006 年的 1.313 吨标准煤/万元下降到 2014 年的 0.654 吨标准煤/万元,下降幅度达到 50.19%。

从三次产业的总体变化来看,河南省第一产业、第二产业、第三产业的能源强度在 2000—2014 年间先上升后下降。其中第一产业的能源强度在 2000—2006 年间上升较大,然后在 2006—2014 年间持续波动,但整体情况呈下降的态势。而第二产业在 2000—2004

年间上升,在 2004—2014 年间一直处于下降趋势。最后第三产业在 2000—2010 年间波动起伏,波动期较第一产业较长,在 2010—2014 年间处于下降趋势。

②河南省产业结构变动对能源效率影响的 Laspeyres 因素分解法

国内国外众多分析产业结构变动对能源效率的影响研究文献中,因素分解法的使用较为普遍。在因素分解法中,Laspeyres 因素分解法最常被用来研究使用,这种方法采用微分的方法并结合经济学中的一些概念来研究问题。本章首先粗略介绍该方法的应用简介,然后采用该因素分解法对河南省近些年间的能源强度在三次产业结构层次上进行了分解研究。接着详细地分析和讨论产业间结构变动以及技术进步在各个时间段对能源强度的影响。由于篇幅的局限性、能力的限制,故不再对产业内的结构变动进行详细研究。

能源强度的概念是单位国内生产总值所消耗的能源数量,用数学公式表达如下:

$$e = \frac{E}{Y}$$

式中:E——产业部门总的能源消费量(万吨标准煤);

　　　Y——产业部门总的增加值(亿元人民币);

　　　e——能源强度(吨标准煤/万元)。

由于各产业生产的性质不同,因此不同产业部门、不同行业生产相等生产总值所消耗的能源量也会有差异。即产业结构不同,总的能源强度也会不一样。根据产业间结构对能源强度进行分解计算,就可得如下相关式子:$E = \sum\limits_{i=1}^{n} E_i$,$Y = \sum\limits_{i=1}^{n} Y_i$,$i = 1, 2, \cdots, n$。

将 $e = \frac{E}{Y}$:进行等价换算,得到下式:

$$e = \frac{\sum\limits_{i=1}^{n} E_i}{\sum\limits_{i=1}^{n} Y_i} = \frac{\sum\limits_{i=1}^{n} e_i Y_i}{\sum\limits_{i=1}^{n} Y_i} = \sum\limits_{i=1}^{n} e_i y_i$$

式中：e_i —— 第 i 产业的能源强度；

y_i —— 第 i 产业产值占总产值的比例。

上式中，分子 $e = \sum_{i=1}^{n} e_i y_i$ 表示两个含义，不同产业的能源强度 e_i 代表各个产业的技术部分，即技术因素。不同产业的生产总值 y_i 代表各个产业在国民经济中的比重情况，即结构因素。分析可知，能源价格等因素大多通过影响产业结构或技术因素进而间接地影响整体能源强度的变化。因此，本章从产业结构以及技术因素两方面研究它们对能源强度的影响。

令 $e^t(t=0,1,\cdots,T)$ 表示第 t 期的能源强度，e^0 表示基期的能源强度，则有 $e^t = \sum_{i=1}^{n} e_i^t y_i^t, e^0 = \sum_{i=1}^{n} e_i^0 y_i^0$ $(i=1,2,\cdots,n; t=1,2,\cdots, T)$。

为了分析结构变化和技术变化对能源强度的影响份额，将 e^t 进行分解：

$$e^t = \sum_{i=1}^{n} e_i^t \times y_i^t = \sum_{i=1}^{n} e_i^0 \times y_i^0 + \sum_{i=1}^{n} e_i^0 \times$$

$$(y_i^t - y_i^0) + \sum_{i=1}^{n} (e_i^t - e_i^0) \times y_i^t$$

由此，能源强度的变化可以分解为：

$$e = e^t - e^0 = \sum_{i=1}^{n} e_i^t \times y_i^t - \sum_{i=1}^{n} e_i^0 \times y_i^0$$

$$= \sum_{i=1}^{n} e_i^0 \times (y_i^t - y_i^0) + \sum_{i=1}^{n} (e_i^t - e_i^0) \times y_i^t$$

上式中：式子 $e_i^0 \times (y_i^t - y_i^0)$ 表示第 i 产业在国民经济中的比重变化，而 $(e_i^t - e_i^0) \times y_i^t$ 表示国民经济整体的结构变化引起的能源强度的变化量。那么能源强度变化中的结构份额就可以表示为

$$\frac{\sum_{i=1}^{n} e_i^0 \times (y_i^t - y_i^0)}{\sum_{i=1}^{n} e_i^t \times y_i^t - \sum_{i=1}^{n} e_i^0 \times y_i^0} \tag{5-3}$$

而式子 $(e_i^t - e_i^0) \times y_i^t$ 表示由于第 i 产业能源强度的变化导致的部分总能源强度的变化，即技术因素的体现。那么 $\sum\limits_{i=1}^{n}(e_i^t - e_i^0) \times y_i^t$ 表示所有产业的能源强度的变化导致的总能源强度的变化，那么就可以推导出能源强度变化中的技术份额为：

$$\frac{\sum\limits_{i=1}^{n}(e_i^t - e_i^0) \times y_i^t}{\sum\limits_{i=1}^{n} e_i^t \times y_i^t - \sum\limits_{i=1}^{n} e_i^0 \times y_i^0} \tag{5-4}$$

为方便计算当年能源强度变化中的结构份额和技术份额的大小，特取第 $t-1$ 年为基准年份，则当年能源强度变化中的结构份额为：

$$\frac{\sum\limits_{i=1}^{n} e_i^{t-1} \times (y_i^t - y_i^{t-1})}{\sum\limits_{i=1}^{n} e_i^t \times y_i^t - \sum\limits_{i=1}^{n} e_i^{t-1} \times y_i^{t-1}} \tag{5-5}$$

当年能源强度变化中的技术份额为：

$$\frac{\sum\limits_{i=1}^{n}(e_i^t - e_i^{t-1}) \times y_i^t}{\sum\limits_{i=1}^{n} e_i^t \times y_i^t - \sum\limits_{i=1}^{n} e_i^{t-1} \times y_i^{t-1}} \tag{5-6}$$

能源强度变化中的结构份额（公式（5-3））和技术份额（公式（5-4）），分别表示从基准年份以来能源强度变化总量中，产业结构变动和技术进步分别提供的影响力；当期的结构份额（公式（5-5））和技术份额（公式（5-6））则分别表示结构变动和技术进步对当年能源强度变化幅度的影响力。当结构份额（公式（5-5））和技术份额（公式（5-6））的计算数值为正时，二者对能源强度的作用与能源强度的变化方向是相同的，也就是说，二者对能源强度的变化是促进的。如果是负值，则表示该因素对能源强度的变化是抑制的。

③数据统计和结果分析

通过整理《河南省统计年鉴》得到河南省 2000—2014 年的生产总值、能源消费总量及各个产业的生产增加值、能源消费量。

然后根据以上相关数据计算各个年份相应产业的能源强度并合并成表格。最后以上述数据,再利用因素分解法相关公式对产业结构变动和技术进步对能源效率做了实证分析,以期确定这两个因素对能源效率的影响的定量数据。

河南省在2000—2014年间分年度能源强度的因素分解结果见表5-5和图5-7。

表5-5 河南省2000—2014年能源强度变化的因素分解结果

时间段	能源强度变化	结构份额(%)	技术份额(%)
2000—2002年	0.157	3.27	96.73
2002—2004年	0.318	18.54	81.46
2004—2006年	0.011	35.39	64.61
2006—2008年	−0.26	−6.26	106.26
2008—2010年	−0.125	14.35	85.65
2010—2011年	−0.072	4.04	95.96
2011—2012年	−0.057	15.76	84.24
2012—2013年	−0.03	50	50
2013—2014年	−0.115	9.84	90.16

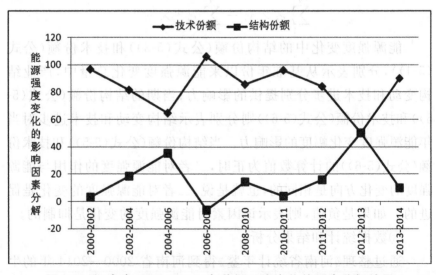

图5-7 河南省2000—2014年能源强度变化的因素分解结果

从表 5-5 和图 5-7 中我们可以得到如下几点结果：

第一，从表 5-5 中可以看出，在 2000—2006 年间河南省总的能源强度在持续增加，也就是说，总的能源效率在持续下降。通常来说，随着历史的发展，科学技术会持续的进步，能源效率也会因为技术的进步而随之提高。从理论上讲，技术进步一旦出现，就不会再倒退回去，那么技术进步对能源效率的提高是恒定的。又因为所有影响能源效率的因素都可以归结于产业结构变动和技术进步，那么显而易见，可以说 2000—2006 年河南省的能源效率的降低很大程度上是由产业结构的变动影响的，即产业结构的变动对能源效率的提高起了反作用，即 2000—2006 年河南省产业结构不尽合理。而在 2006—2008 年能源强度之所以会出现下降，即能源效率出现一定程度的提高的情况，由于技术进步的影响作用巨大，弥补了产业结构对能源效率的反作用，从而促成能源效率的提高。2008—2014 年，产业结构变动和技术进步共同促进了能源效率的提高。由此可知，产业结构的变动对能源效率的提高有促进作用，同时也会有反作用。

第二，从图 5-7 中 2012—2013 年之外的年份来看，技术因素对能源效率的影响所占份额始终不低于 50％，也就是说，技术因素对能源效率的影响份额始终大于产业结构。但是 2012—2013年，技术因素与产业结构因素对能源效率的影响份额持平，都为50％，即技术因素对能源效率的影响程度与产业结构相等。由此可知，在较大的时间跨度上来分析，提高能源效率主要依靠技术进步，其次要依靠产业结构变动。但从较小的时间跨度上来看，要想提高能源效率主要依靠产业结构的变动，当然也不能忽视技术进步的影响，二者要齐头并进。

第三，从表 5-5 中可以看出，河南省第二产业的能源强度远远大于第一产业和第二产业的能源强度，但又低于总的能源强度。由此可以分析出第二产业拉低了河南省经济社会总的能源效率，河南省的产业结构还不尽合理，有待提高完善。

第四,从表 5-5 中第一产业和第三产业的多年能源强度的变化中可以看出,这两个产业的发展有一定程度上的波动,这说明两者的结构调整还不太稳定,也就是说政府的支持力度还不够。

5.2 以水资源约束为例

5.2.1 水资源在产业间的利用情况

根据历年《河南省水资源公报》收集整理 1999—2014 年河南省农业、工业、生活和生态用水数据,分析 14 年间河南省总用水量和用水结构变化趋势,如图 5-8 和图 5-9 所示。由图 5-8 可以看出,河南省 1999—2014 年 16 年间总用水量呈现稳定中兼有小幅波动的趋势,上升趋势不明显,总量趋于下降。总用水量 1999 年为 228.572 亿 m^3,2014 年为 209.29 亿 m^3,2003 年总用水量最低,为 187.6 亿 m^3。但是,从次坐标轴可以看出,万元 GDP 用水量一直呈现下降趋势,从 1999 年的 $505m^3$/万元下降到 2014 年的 $60m^3$/万元。由此可见,河南省的总用水量较为稳定,但用水效益一直在提高。按照表 5-6 所示的世界上不同经济发展水平国家的用水结构来看,以 2000 年美元为不变价格计,河南省的单位用水生产率从下中等收入国家生产率水平提高到世界平均生产率水平,单位用水生产率提升空间依然较大。河南省的各种类型用水生产率发展并不平衡,从中低收入国家生产率水平迈入高收入国家生产率水平行列,而工业单位用水生产率从低收入国家生产率水平提高到中低收入国家生产率水平,在工业单位生产率水平上还有很大的提升潜力。

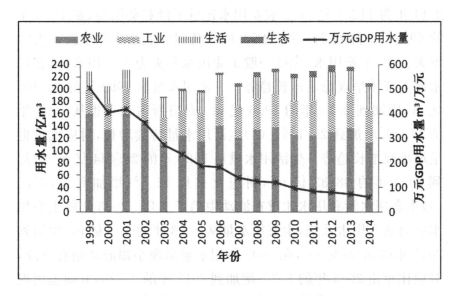

图 5-8　河南省 1999—2014 年总用水量及分配

表 5-6　不同经济发展水平国家的用水结构及生产率

	用水结构（%）			单位用水生产率（美元/m³）		
	农业	工业	生活	总用水	农业	工业
世界平均水平	69.9	20.1	10	8.6	0.8	18.7
低收入国家	88	5.9	6.1	0.8	0.3	7
中低收入国家	78	13.3	8.7	2.3	0.5	14
下中等收入国家	75	17	8	2.5	0.4	17.9
上中等收入国家	53	28	19	7.2	1.4	23.7
高收入国家	42	43	15	28.2	2.7	33.6

注：参考 2007 年中国可持续发展战略报告的相关指标，主要数据来源于 World Bank. 2009 World development indicators；单位用水生产率以 2000 年美元为不变价格估计。其中，第五列"总用水"下对应数据是包括农业、工业、生活、生态环境用水之后的单位用水生产率。

　　用水结构的变化主要体现在：（1）农业用水量和用水比重在小幅波动中下降。从图 5-8 可以看出，农业（包括农林牧副渔）用水一直是河南省的用水大户，其用水量长期远远高于其他用水量，在波动中趋于下降，1999 年农业用水量为 159.686 亿 m³，

2014 年为 112.7 亿 m³。农业用水比重下降趋势明显,从 1999 年的 69.9％下降到 2014 年的 53.8％,其间农业用水比重波动振幅不大。(2)工业用水(包括一般工业用水和火力发电用水)量和用水比重整体呈现稳定增长趋势。工业用水量从 1999 年的 40.402 亿 m³ 增加到 2014 年的 52.6 亿 m³,对应所占比重也从 1999 年的 17.7％增加到 25.1％。(3)生活用水量持续增长,对应比重也呈现小幅增长趋势。生活用水量从 1999 年的 28.484 亿 m³ 增加到 2014 年的 38.33 亿 m³,对应比重从 12.5％增加到 18.3％。(4)生态用水量和用水比重在波动中趋于上升。2003 年将生态用水单列纳入用水系统,生态用水量从 2003 年的 2.4 亿 m³ 增加到 2014 年的 5.66 亿 m³,在 2009 年用水量出现小幅波动略有下降,对应比重由 2003 年的 1.3％增加到 2012 年的 2.7％,其间也出现小幅波动。(5)结合表 5-6 和图 5-9 还可以看出,河南省的用水结构从下中等收入国家水平向上中等收入国家水平迈进,结构趋于优化。

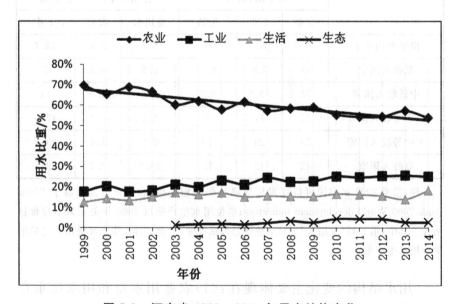

图 5-9　河南省 1999—2014 年用水结构变化

5.2.2　水资源在产业间配置的关联度与生态位分析

（1）水资源在产业间配置的关联度分析

国务院《关于支持河南省加快建设中原经济区的指导意见》第 26 条特别强调,要加强水资源保障体系建设,而河南省作为我国极度缺水的六大地区之一,水成为制约区域经济、社会和环境可持续发展的瓶颈,更是不争的事实,快速发展的经济和不断增加的人口对水资源需求的迅速增加使得水资源供需矛盾不断凸显。河南省作为农业大省,根据历年《河南省水资源公报》,2000—2012 年,河南省水资源用水量在波动中呈现上涨趋势,特别是 2000—2001 年、2005—2006 年增长最快。而水资源在开发利用到一定程度时会出现枯竭,据有关分析,河南省各地区水资源利用率普遍达到中度到高度开发利用的水平,因此,消耗量的增长趋势与水资源总量的减少趋势呈现出矛盾局面。经济的发展需要水资源为其提供生产的保障,水资源的消耗量随着需求量的增加而越来越多,水资源会因过度消耗而成为经济发展的主要障碍。而水资源消耗配置不当易引发各种问题,如上游拦截会破坏自然水循环,城市居民用水增长快会使地下水超采过度,工业用水严重污染农业用水等。在这种背景下,水资源的合理开发利用和水资源消耗配置的优化显得尤其重要,对河南省水资源消耗与各部门消耗配置进行关联性分析,并运用生态位评估模型对水资源消耗和区域水资源的可持续利用进行正确评价,对区域经济社会的可持续发展和生态环境的良性循环及水生态文明建设的实现都具有重要的意义。

本部分借鉴赵奥,武春友(2010)的思路,运用灰色关联分析和生态位适宜度方法,对河南省水资源消耗配置关联度和生态位适宜度进行评价。

根据历年《河南省水资源公报》,利用灰色关联分析法对河南省水资源消耗配置情况进行分析。2001—2014 年耗水量占总用水量的比重稳定在 57%～60%。按照以上计算步骤,对 2001—

2014 年河南省水资源消耗总量以及各部门消耗配置的数据进行计算处理,得出关于水资源消耗配置的广义邓氏灰色关联度、灰色相对关联度、灰色绝对关联度和灰色综合关联度,如表 5-7 所示。由于灰色综合关联度更能全面反映水资源消耗配置的关联度,因此选取灰色综合关联度的度量指标。

表 5-7　灰色关联计算结果

部门	邓氏灰色关联度	灰色相对关联度	灰色绝对关联度	灰色综合关联度
农业耗水	0.8259	0.5774	0.7575	0.6675
工业耗水	0.4945	0.7435	0.5978	0.6707
生活及生态环境耗水	0.6796	0.8339	0.6839	0.7589

由表 5-7 可以看出,农业耗水量、工业耗水量、生活及生态环境耗水量与河南省水资源消耗总量的关联度分别为 0.6675、0.6707、0.7589,由此可以得出,生活及生态环境耗水量对河南省水资源消耗总量的影响最大、关系最为密切,其次是工业耗水量,影响最小的是农业耗水量。

河南省是中国人口大省,也是生活耗水大省。随着经济的发展和生活水平的提高,生活用水量持续增长,生活污水排放量不断增加,而河南省尤其是城市生活用水普遍存在着水源单一、现有供水设施老化、生活用水缺乏水价弹性变动机制等问题,致使生活中到处存在着水资源浪费的现象。因此,生活耗水量[①]对河南省水资源消耗总量的影响最大。

另外,近年来由于承接东部地区产业转移,相对于东部地区而言,工业生产设备陈旧、工艺落后,因此工业生产中水的重复率较低,工业污水也没有形成高效的循环再利用,最终造成整个工

---

① 《河南省水资源公报》中水资源消耗部门配置数据未把生活用水消耗和生态用水消耗分开。但根据社会经济生活用水规律和《中国水资源公报》(历年)及其他地区《水资源公报》,可以确定的是生活用水消耗占据了生活及生态用水消耗总量的绝大部分。

业部门耗水量呈逐年上涨态势,因此,工业部门的水资源消耗量对河南省水资源消耗量的关联度仅次于生活及生态环境耗水量。

另外,河南省80%的人口依附于农业,但农业生产布局缺乏多样性,灌溉方式落后。尽管农业总耗水量近些年出现下降趋势,但趋势并不明显,而且局部年份还有所波动,单位农业生产总值的耗水量下降速度也较慢。农业部门水资源耗水利用率较低。这一点从2014年《中国水资源公报》和《河南省水资源公报》也能够看出来,2014年,中国农田灌溉耗水率为65%,河南省农田灌溉耗水率为67.1%。相对于工业和生活及生态环境用水而言,农业生产过程中存在更多水资源污染的隐性问题。如农药超量使用,耕地、森林资源破坏导致的大面积水土流失,农业生产技术滞后、灌溉方式滞后导致每年不必要的水资源浪费程度都很大。

(2)河南省用水结构消耗配置的生态位研究

生态位这一概念最早是由 J. Grinnell(1917)提出,其把生态位定义为恰好被一个种或亚种所占据的最后单位。Hutchinson(1957)利用数学上的点集理论,把生态位看成是一个生物单位(个体、种群或物种)生存条件的总集合体,王刚等(1984)认为生态位是生物种属性的定量描述。在前述研究基础上,李自珍(1993)提出了一个新的概念:生物种的生态位适宜度。即一个种居住地的现实生境条件与最适生境条件之间的贴近程度,它表征拥有一定资源谱系生物种对其生境条件的适宜性,即生境资源条件对种特定需求的满足程度,现实资源位与其最适资源位之间的贴近程度。生态位适宜度作为发端于生物学的重要理论,现已被延伸广泛应用于人口、农作物和自然资源、城市研究方面。

在借鉴以往研究的基础上,本部分把生态位适宜度评估模型引入到河南省的水资源消耗配置上,依据测算结果分析出水资源消耗配置的现状和存在的问题。

①生态位适宜度的评估模型

设有 m 个评估年份,x_{ij}($i=1,2,\cdots,m;j=1,2,\cdots,n$)表示第 i 年生态系统中生态因子 j 的观测数据值,在实际研究中,将数据进行标准化处理后得到生态因子的现实生态位。其中 x_{max} 表示 x_{ij} 中的最大值。

$$x'_{ij} = \frac{x_{ij}}{x_{max}} \tag{5-7}$$

无量纲化处理后，又设 $x_{0j}(j = 1,2,\cdots,n)$ 表示第 j 个生态因子的最佳生态位，即：

$$x_{0j} = \max(x'_{ij}) \tag{5-8}$$

然后建立的水资源消耗配置的生态位适宜度模型为：

$$F_i = \frac{1}{n} \sum_{j=1}^{n} \frac{\min|x'_{ij} - x_{0j}| + \varepsilon\max|x'_{ij} - x_{0j}|}{|x'_{ij} - x_{0j}| + \varepsilon\max|x'_{ij} - x_{0j}|} \tag{5-9}$$

式中，F_i 表示第 i 年的水资源消耗配置的生态位适宜度；ε 为模型参数（$0 \leqslant \varepsilon \leqslant 1$）。关于参数 ε 的估算，可以假定当 $F_i = 0.5$ 时估算出来。

②生态位适宜度测算

经计算可得 $\varepsilon = 0.5127$。依据计算式（5-7）、式（5-8）、式（5-9）分别计算出 2000—2012 年水资源消耗配置的适宜度，具体计算结果如表 5-8 所示。

表 5-8 2000—2012 年河南省水资源消耗在各部门配置的适宜度

年份	农业耗水量现实生态位	工业耗水量现实生态位	生活及生态环境耗水量现实生态位	生态位适宜度
2000	0.8351	0.5471	0.6789	0.7658
2001	1.0000	0.5301	0.7027	0.5955
2002	0.9371	0.5272	0.7380	0.6773
2003	0.7096	0.7110	0.7668	0.9141
2004	0.7703	0.7182	0.8062	0.8992
2005	0.7201	0.8242	0.8629	0.8472
2006	0.8847	0.8940	0.8889	0.9723
2007	0.7663	0.9426	0.8184	0.6963
2008	0.8404	0.9357	0.8973	0.7989
2009	0.8666	0.9822	0.9048	0.6513

续表

年份	农业耗水量 现实生态位	工业耗水量 现实生态位	生活及生态环境耗水 量现实生态位	生态位适宜度
2010	0.7877	1.0000	0.9188	0.6372
2011	0.7836	0.9856	1.0000	0.7414
2012	0.8253	0.9869	0.9830	0.7612

按照表 5-8 计算出的各年份适宜度,根据现有研究资料,可以把 2000—2012 年河南省水资源消耗配置的生态位适宜度划分为 3 个梯度。大于 0.8 的为水资源总量在部门间的消耗配置生态位适宜度相对较高的第 1 梯度,在 0.7 和 0.8 之间的为水资源总量在部门间的消耗配置生态位适宜度相对居中的第 2 梯度,低于 0.7 的为水资源总量在部门间的消耗配置生态位适宜度相对较低的第 3 梯度。

因此可以由表 5-8 看出,2003—2006 年水资源消耗总量在部门间的配置属于生态位适宜度较高的第 1 梯度,水资源消耗总量在农业、工业、生活及生态环境部门的配置的生态位都较佳,处于较优位置,有利于水资源的可持续利用,其中,2006 年水资源消耗总量在部门间消耗配置生态位适宜度最优,为 0.9723。2000 年、2008 年、2011 年、2012 年各年水资源消耗总量在各部门间配置的生态位适宜度处于中等水平的第 2 梯度,水资源消耗总量在农业、工业、生活及生态环境部门间配置的生态位居中,存在进一步改善的空间。2001 年、2007 年、2010 年各年水资源消耗总量在各部门配置的生态位适宜度处于较低水平的第 3 梯度,配置效率较低。由上分析可以看出,生态位适宜度的高低能够反映配置水平和配置效率,体现出水资源消耗总量在各个部门间的配置是否在研究阶段达到最优。

③基本结论与启示

经过对比分析,可以很容易得出,优化河南省水资源消耗配置要协调好农业、工业、生活及生态环境部门耗水量之间的分配,特别是工业部门和农业部门的耗水量。

通过本部分研究,我们认为水资源消耗总量在农业、工业、生活及生态环境部门的生态位适宜度提高和改善,在水资源总量紧缺约束的前提下,关键减少水资源在各部门间的浪费性消耗和提高水资源利用效率,提高水资源集约利用工艺。如在农作物选择上可以选择耗水量少、产量高和经济附加价值高的农作物进行生产推广。在工业上,除了提高节水工业技术,提高废水转化和利用率之外,可考虑在水资源极度紧缺的地区,引入虚拟水的贸易进出口策略,在水之外寻找水资源分配和水资源管理的途径。在生活及生态环境部门,一方面要充分利用价格弹性变化的杠杆功能,合理制定水价,提高居民节水意识和实现节水生活方式,另一方面要在生态环境用水中避免无谓的浪费,如景观用水要做好水的循环使用,中水雨水都可作为景观用水的水源。因此,在水资源紧缺的环境下,要特别注意统筹考虑生产生活用水和生态用水的关系,不能顾此失彼。

5.2.3 水资源可持续利用与产业结构优化互动机理

在水资源供给有限的刚性约束下,要实现经济可持续发展,必须调整经济结构和用水结构。工业革命以来,特别是"二战"以来,随着科技进步,经济高速发展,人口剧增、资源耗竭、环境污染和生态失调日益严重,已到了严重威胁人类生存和发展的地步。水资源的可持续利用是支撑我国经济可持续发展的重要物质基础。

(1)水资源可持续利用与产业结构优化存在内在的耦合作用[①]

一方面,水资源作为一种经济资源,是人类经济高速发展的控制性要素。水资源是一切农作物生产所必需的物质基础,是工业发展的命脉,并且随着科技的进步及工业化进程的加快,高效节水设施的引进使得水资源利用效率不断提高,同时对水资源量

---

① 蔡继,董增川,陈康宁.产业结构调整与水资源可持续利用的耦合性分析[J].水利经济,2007(9).

和质的要求也不断提高。另一方面,经济增长会促进用水需求增长,而用水量的增加又会改变区域水资源格局。不恰当地开发利用水资源对生态环境会产生非常恶劣的影响,而合理适度地开发利用水资源也会对生态环境产生良性的影响,生态环境的变化反过来也会对产业发展产生影响,如农业灌溉用水使得农作物得到了更适宜的生存环境,也改善了农田生态系统,水利工程建设对局部用水条件及生态环境的改变,可能有助于上游周边地区对水资源的利用,但可能会由于引水过多造成下游生态环境恶化,水生态遭到破坏等。

(2)水资源对区域发展和产业结构演变的约束

①水资源对区域经济发展的约束性

水资源如此重要,而在现实区域尤其是在以河南省为主体的中原经济区内又如此紧缺,因此,水资源的有效使用是中国可持续发展研究的重要方面。任何一个经济社会的可持续发展的问题都必将涉及水资源的支撑力问题,只是突出重点和表现形式不同。目前研究的诸多热点问题,如经济结构调整、水资源与国民经济协调发展、区域水资源的可持续发展都和水资源支撑力有关。

水资源支撑力又称水资源承载力,其对经济发展的重要性主要在于水资源的支撑力是有限的,超过一定阈值,经济发展将是不可维持的。而水资源的约束性就是通过水资源的支撑力或承载力体现出来的。

水资源的紧缺性决定了水资源的支撑力是有限的。在这种背景下为保障水资源对社会经济可持续发展的支撑性,有专家提出,水资源应该作为一项商品和服务,支持环境承载能力内的有限制的水贸易,为环境资源保护和人类的共同利益,水的跨国贸易可以在全世界范围内展开,应该建立起全球性的水资源管理系统,公平合理地利用水资源。

因为水资源支撑力是有限的,水资源对社会经济发展是存在约束性的,而且像前面所述,随着社会经济的发展和人民生活水平的提高,对水的需求会不断增加,而水资源的有限性又决定了水资源约束的紧迫性和重要性。在这种背景下,利用水资源就需要遵循自然规律、价值规律和社会规律,在合适的时间、合适的地点、以合适的数量和合适的质量,合理配置和调度水资源,同时满足经济社会发展的需水要求和生态环境保护的要求。

水资源与产业结构存在耦合性。当经济发展相对落后时,经济总量低,产业结构中第一产业即农业所占比重大,由于节水意识和节水技术的落后,无论是农业和工业单位产量所耗费的水量就比较大。如农业用水是消耗性的,灌溉农业必定需要大量的水来生产粮食。对水资源的消耗和非循环使用导致的水资源日益紧缺性决定了这种经济发展模式是不可维持的。

在水资源紧缺的今天,水资源的约束,制约了产业结构的演变模式必定是农业的发展从高耗水农业向着节水农业、高效农业转变,而工业的发展从劳动资源密集型向资本技术密集型转变。

尤其值得注意的是,在我国城市化和工业化过程中,某些地方政府和企业在利益的驱使下,急功近利、无节制地出售严重污染水资源的初级产品,加剧了某些城市的水资源危机。有的城市甚至为尽可能地占领更多的市场份额,提高产品的市场竞争力,通过增加水资源消耗、不处理污染物等牺牲水资源的手段求取竞争实力的增强和贸易的发展,这就给某些省(直辖市)造成严重的水资源危机隐患。

在农业用水和工业用水的分配问题上,有研究指出,目前农业用水已占到全球淡水资源的92%,而广大的发展中国家普遍存在着农业用水的浪费。这从另一方面提出了农业节水的重要性。同时广大的发展中国家普遍存在着工业经济与水环境不协调的问题。因此,提高农业和工业用水效率才是缓解水资源环境压力,改善水环境质量的根本。优化产业结构,促进产业结构升级,限制甚至淘汰高污染、高消耗、高耗材、重污染型产业规模发展,提高产业整体的技术水平,利用先进技术改造和优化产业,提升产业发展质量,增加对污染过程的控制和防治能力就成了应对水资源约束和水资源危机的必然选择。

第6章　环境约束下的河南省产业结构优化问题研究

6.1　河南省环境质量与工业化发展相关性研究

当前大范围持续性出现的严重雾霾天气、遍布全国的癌症村、矿区塌陷、重金属污染、水土流失加剧等环境和生态问题不断凸显,造成了国家巨额的经济损失。据统计,我国每年因环境污染所造成的直接经济损失占 GDP 的 3%～5%,若再将森林资源锐减、水土流失、各类矿场资源的破坏和浪费等这些难以计算的生态环境损失计算在内,则生态环境破坏的直接经济损失将超过 GDP 总量的 1/10(于同申,2010),即相当于每年 GDP 的新增部分。

改革开放以来,河南省始终坚持以经济建设为中心,以富民强省为目标,抢抓机遇,开拓进取,经济建设取得了前所未有的辉煌。但与此同时,河南省环境形势不容乐观。据历年《中国环境统计年鉴》显示,河南省工业废水排放、工业废气和工业固体废弃物排放量总体呈持续增加态势,环境污染造成了严重雾霾天气的出现、重金属污染、水土流失等各种环境和生态问题,产生巨额的经济损失。现行产业结构不合理是其根源所在,各种各样的生态环境问题,归根到底是工业化的副产品造成的,如典型的工业"三废"。经济增长主要依靠第二产业带动的格局没有根本性转变,特别是第二产业中工业增加值自 2007 年以来占 GDP 的比重保持在 50%左右,其中,钢铁、建材、平板玻璃、煤炭化工等高能耗、高污染很突出。而按照国际经验,工农业的能耗和污染强度高于服务业,重化工业高于高技术产业。因此,在产业结构中,三次产业比例关系以及第二产业内部高耗能、高污染产业和高技术产业比例关系,直接影响着社会整体的能耗水平(张红凤,2012)。因此,研究河南产业结构优化与环境质量之间的关系,有利于厘清河南省产业内部特别是第二产业内部结构优化与社会环境质量的关联性,为制定产业结构优化政策提供理论参考。

6.1.1 河南省工业化发展水平评价

河南省作为我国中部地区的一个大省,近些年来在党和政府的带领下,通过人民群众的辛勤劳作,经济社会的发展取得了令人瞩目的成就。作为中原经济区建设的核心组成部分,改革开放30多年后,河南省在整体上实现了跨越式的发展,这不仅表现在河南省基本完成了由计划经济体制向市场经济体制的转变,而且也反映出其目前正在实现由以传统农业为经济主体向以新兴工业为经济主体的重大转变。就目前而言,河南已成为中国经济的第五大经济体,对整个国家的发展也已起到举足轻重的作用,特别是在粮食供给方面,河南省作为农业大省也不断积极地调整农业产业结构,大力发展现代畜牧业。与此同时,河南省还通过拉长农业产业链条,推动农业产业化进程的方式,最终实现了由以"口粮生产"为主体向"小麦经济"的发展转型,并且实现了农副产品加工业在全国的崛起,也涌现出一大批在全国具有较高知名度的龙头企业;根据当前的情况分析,河南省已成为名副其实的全国第一农副产品加工大省,并且也已初步实现了由初级农产品生产到农产品深加工增值的转变和从温饱型农业向现代农业的转型的跨越式进步。

在2010年的河南省《政府工作报告》中,河南省省长又再次指出农业的现代化发展必须依靠工业现代化才能实现,要走新型工业化道路,节能减排势在必行。2007年,河南省节能降耗和污染减排,留下了浓墨重彩的篇章:节能减排重拳出击,关停小火电走在全国前列。全省资源整合和淘汰落后产能力度加大,环境保护工作继续加强，节能减排成效逐步显现。循环经济试点工作也获得卓著成效，企业、园区、地区三个层次全面展开运行；在这一发展态势下河南第二批试点也顺利启动，河南省现已成为国家循环经济试点省。近年来，河南省又再次提出郑州航空港的建设方案，这对整个河南省的发展而言将会是一个巨大的机遇，不仅有利于促进第一、二产业的调整和改革，而且对第三产业和整个新型工业化的建设来说都将成为一个巨大的转折点。

对河南省整个工业化的发展水平及状况的分析，还需要我们建立在对工业化的含义及评价指标的了解方面，最终通过对指标和所搜集数据的整合，得出河南省工业化发展水平的动态分析结果。

在通常情况下，工业化表示工业（特别是其中的制造业）或第二产业产值（或收入）在国民生产总值（或国民收入）中的比重不断上升的过程，以及工业中的就业人数在总就业人数中比重不断上升的过程。工业发展是反映工业化的显著特征之一，但事实上工业化的含义还包括很多，不能仅认为是工业发展。这是因为工业化作为现代化的核心内容，表示的是传统农业社会向现代工业社会转变的一个过程。然而在这一过程中，工业发展绝不是孤立进行的，而总是与农业现代化和服务业发展相辅相成的，并且还总是依托于贸易的发展、市场范围的扩大和产权交易制度的完善等。

总之，工业化的含义没有具体的界定，它在经济学中也是有很多的解释。但根据一般的解释，工业化则是指在一个国家和地区的国民经济中，工业生产活动取得主导地位的一个发展过程。其实工业化最初只是反映一种自发的社会现象，开始于 18 世纪 60 年代的英国。但是随着时代的进步，工业化的含义又出现了新的变化，现在社会上多次提到的新型工业化就是对传统工业化的发展，走新型工业化道路也是中国顺应世界科技经济发展的必然选择。

根据上面对工业化的简单介绍，可以构建出工业化发展的研究性评价指标。目前,在中国尚没有工业化发展水平指标体系理论化的衡量标准,我们根据中国经济学家马洪对工业化的研究,借鉴其研究结果选取了一些主要的影响因素,并从以下六个方面对工业化的发展设定标准来进行具体的研究。

①人均收入水平。从产出的角度而言,人均收入水平是用来反映一国的生产率水平的指标;它也是一国生产率的反映,表示了一个国家或地区按人口平均的产出水平,是其生存和发展的基础,也是工业化发展水平最直接的表现。

②产业结构。工业化的发展与产业的重组与不断升级密切相关,它反映了一国的经济实力、技术进步和竞争力水平的提高。随着工业化的发展进步,产业发展将实现由第一产业向第二产业,然后再向以第三产业为重心的方向转型。在这三大产业领域中,第二、三产业占 GDP 的比重对工业化的发展水平具有比较强的代表性。

③劳动力结构。劳动力结构是用来表示国民经济各组成部分中就业的劳动力之间的数量构成关系。根据研究发现,劳动力结构的变化与产业结构的变化存在相通性,其表现是一样的,都呈现出在工业化发展进程中劳动力由生产效率比较低的部门转向生产效率比较高的部门,换句话说,就是表现在劳动力由第一产业逐渐向第二、三产业的过渡,因而在第二、三产业中就业的人数就成为对工业化发展进程的评价指标。

④城市化水平。工业化的发展会促进整个社会的发展变革,城市化也会随之加快。工业化带动城市化,城市化的不断推进也会提升整个社会的生产效率,从而更好地实现工业化。城镇人口占总人口的比重不断增加则是工业化发展过程中的一个重要表现。

⑤外贸结构。自改革开放以来,我国加大对外贸易,因而一个国家或地区在外贸交易方面的变化对工业化的发展进程而言,也是一个比较重要的反映指标。工业制成品的出口比重随着工业化的发展进程不断加快是对外贸易发展的总体趋势,它在一定

程度上较好地说明了其工业化程度。

⑥农业机械化水平。随着社会的进步，工业化的发展也呈现出日益攀升的速度，与此同时工业化的含义也表现出新的变化。工业化不仅包括工业本身机械化和现代化，而且也进一步发展为包含农业的机械化和现代化，我们在本书中将选取农业的机械化发展水平来作为工业化发展水平的一个评价指标。

通过从《河南省统计年鉴》这一统计结果中搜集数据，选取河南省 2003—2014 年这十年间评价工业化发展水平的相关数据，并通过运用 Excel 工具来进行数据的整理与分析，从而根据所得到的结果来对河南省工业化发展水平进行分析与说明。

表6-1　河南省工业化发展水平评价指标原始数据(2003—2014 年)

年份	人均GDP（元）	第二产业占 GDP 的比重（%）	第三产业占 GDP 的比重（%）	第二产业就业人数占总人数比重（%）	第三产业就业人数占总人数比重（%）	城镇人口占总人口比重（%）	工业制成品占出口总额比值（%）	农业机械化水平（万千瓦）
2003	7376	48.2	34.3	19.6	20.2	27.2	87.8	6953
2004	9201	48.9	31.8	20.4	21.5	28.9	89.2	7521
2005	11346	51.8	30.8	22.1	22.5	30.7	88.7	7934
2006	13172	53.8	31	23.6	23	32.5	88.1	8309
2007	16012	54.3	31.3	23.7	23.7	34.4	88.9	8719
2008	19181	55.9	29.7	26.8	24.4	36	90.8	9429.3
2009	20597	55.1	31	28.2	25.4	37.7	90.6	9817.9
2010	24446	55.5	30.6	29	26.1	38.8	92	10195.94
2011	28661	55.1	32.1	29.9	27	40.6	87	10515.79
2012	31499	53.7	33.8	30.5	27.7	42.4	82	10872.73
2013	34174	52	35.7	31.9	28	43.8	76.5	11149.96
2014	37072	51	37.1	30.6	28.7	45.2	—	11476.81

从表 6-1 可以看出，河南省在 2003—2014 年的工业化发展水平整体上呈现出上升的趋势，其中人均 GDP 在 10 年间表现出不断增加的趋势；第二产业和第三产业占 GDP 的比重则整体上呈现出阶段性增加的发展态势，其中第二产业呈现出倒"U"形的变

化趋势,外贸结构的变化也反映出这一变化趋势;在劳动力结构中,第二、三产业中的就业人数对工业化发展水平的贡献率均呈现出逐年递增的发展情形,这也说明了河南省由以第一产业为主逐渐向第二、三产业过渡,而且第二产业中的劳动力投入比例比第三产业中的投入要表现出更加迅速的增长趋势;城镇化水平和农业机械化水平也与劳动力结构的变化呈现出同样的递增趋势,这也从另外一方面说明了河南省近些年的经济发展表现出良好的发展态势,反映出人民的生活水平不断提高,产业化发展对人民生活的贡献率不断地加大。

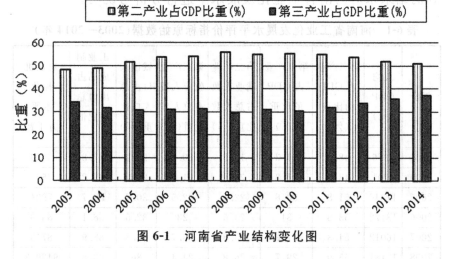

图6-1　河南省产业结构变化图

由图6-1可以看出,河南省第二产业的变化在2010年之前表现出增加的趋势,之后则呈现出递减的情形,第三产业则表现出整体增加的趋势,人均GDP的增加则在一定程度上与第二、三产业的变化具有一致性,第二产业的比重增加也反映出工业化水平的提升。

6.1.2　河南环境质量状况分析

作为中部地区的一个大省,河南省整体而言人口众多,但人均资源却相对贫乏,当前社会经济处于相对较快速的发展阶段,这又必将对区域生态环境产生更大的压力。河南省在贯彻执行党的十八大和十八届三中全会精神的同时,积极做好环境质量保护工作,本着以深化污染治理为核心,以推进总量减排为重点的精神,整体环境质量逐渐好转,但是根据 2013 年《河南省环境质量公报》显示:"全省环境形势依然严峻:环境污染仍然较重,重污染天气多发频发,部分河流水质经常超标,农村生活环境亟待改善,重金属、地下水、土壤、持久性有机物等污染问题日益突出,突发环境事件仍处高发态势;产业结构和能源结构不尽合理,水、大气环境容量不足,局部地区污染物排放已超出环境承载能力。"这又给我们提出河南省在经济发展的同时,环境问题不仅不容忽视,而且必须重视环境保护问题。

6.1.3 河南省工业化发展水平和环境质量相关性的计量分析

在前面的研究中,我们已经对河南省的工业化发展水平与环境质量关系进行了理论上的分析,这里我们将利用河南省的实际数据,对其进行计量经济分析,以找出适合河南自身发展现状的 EKC 曲线。

(1)指标选取

在这一部分,我们将主要从实证的角度来分析河南省的工业化发展水平与环境质量之间的关系,其样本数据均来自《河南省统计年鉴》的实际数据,我们将利用这些代表环境质量的工业"三废"排放物的原始数据,对河南省的工业化发展水平与环境质量之间的关系做相关性分析、回归分析并探究相应的原因。

关于河南省工业化发展水平与环境质量之间的关系,我们将选取三种环境指标:工业废水排放量(用 GS 表示)、工业废气排放量(用 GQ 表示)和工业固体废弃物产生量(用 GF 表示),并结合人均 GDP 进行具体的相关性分析,从而更好地反映出河南省目前的环境质量状况。

（2）数据的相关性分析

运用 Eviews 软件，对河南省工业化发展水平与环境质量的相关评价指标进行相关性分析，在这里我们将人均 GDP 记为 X，将工业废水排放量记为 Y_1，将工业废气排放量记为 Y_2，将工业固体废弃物产生量记为 Y_3，得出它们之间的相关系数如表 6-2 所示。

表 6-2　河南省工业化发展水平与环境质量的相关性分析

	X	Y_1	Y_2	Y_3
X	1	0.8439255374	0.9740775866	0.9970300181
Y_1	0.8439255374	1	0.8049079583	0.8468633883
Y_2	0.9740775866	0.8049079583	1	0.9775007448
Y_3	0.9970300181	0.8468633883	0.9775007448	1

根据表 6-2 中的相关系数值我们可以看出，人均 GDP 与工业废水排放量之间的相关系数为 0.844，与工业废气排放量之间的相关系数为 0.974，与工业固体废弃物产生量之间的相关系数为 0.977；工业废水与工业废气之间的相关系数为 0.805，它与工业固体废弃物产生量之间的相关系数为 0.847，而工业废气与工业固体废弃物之间的相关系数则为 0.978，通过以上这些数据可以反映出它们之间都表现为较强的相关性，并且与解释变量之间是高度相关的关系。

（3）数据回归结果

在这一部分我们将以河南省的人均 GDP 作为自变量，并分别以河南省的工业"三废"为因变量进行相应的回归分析。利用河南省 1994—2013 年这 20 年的时间序列数据，对人均 GDP 与工业"三废"之间进行回归分析。

假设环境库兹涅茨曲线为 $y = b_0 + b_1 x + b_2 x^2$，首先我们可以根据河南省人均 GDP 与各项环境污染指标数据，利用 Eviews 软件做出人均 GDP 与每一项工业"三废"指标的散点图，并得出两者之间的一元二次曲线模型，从而对环境污染与经济增长之间的关系先进行大致的分析。

①经济增长与工业废水排放量的关系

将人均 GDP 记为 X，将工业废水排放量记为 Y_1，两者在 1994—2013 年间的变化发展关系如图 6-2 所示。

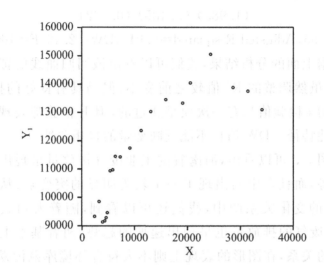

图 6-2 人均 GDP 与工业废水排放量之间的关系散点图

根据 Eviews 回归分析结果，我们可以得出其二次曲线回归方程为：

$$y_1 = 76846.08 + 5.448803x - 0.000113x^2$$

其 R^2 值为 0.9366，调整的 R^2 为 0.929，该数值显示了良好的拟合优度；F 检验统计量值为 125.4642，它也通过了检验；而 t 检验统计量则对应分别是常数项为 24.15，一次项为 10.66，二次项为 0.0000145，前面的两个通过了 t 检验，但二次项值的 t 统计量检验则没有通过；最后再看 DW 值为 1.24，该数值不能良好地反映出变量的自相关性。根据以上的数据分析结果，我们可以看出该模型较好地反映了曲线的发展态势。下面再结合图 6-2 可以看出，随着人均收入的增加，工业废水的排放量也随之出现增长的趋势，并且呈现出倒"U"形的变化态势。

②经济增长与工业废气排放量的关系

将人均 GDP 记为 X，将工业废气排放量记为 Y_2，它们在 1994—2013 年间的发展变化散点图如图 6-3 所示，根据 Eviews

软件利用最小二乘估计法得出人均GDP与工业废气排放量之间的一元二次曲线回归方程为：

$$y_2 = 3220.7 + 0.909x + 0.00000417x^2$$
$$(1.983)\ (3.485)\ (0.562)$$

$R^2 = 0.95$，Adjusted R-squared $= 0.943$，DW $= 2.46$，F $= 160.694$

根据上面的分析结果，我们可以看出该回归曲线的拟合程度比较好，虽然调整的 R^2 值较之前变小，但仍具有良好的拟合性。而变量的 t 检验值只有一次项是通过的，但 F 检验却表现出较好的显著性特征。DW 值也不能反映变量的自相关性。

从图 6-3 可以看出，河南省的工业废气排放量呈现出逐年递增的趋势，而且在中间出现了一个较为明显的突变点；从其与人均 GDP 的变化关系图中，我们还可以看到，随着人均收入的增加，工业废气的排放量也呈现出递增的趋势，两者基本上表现出正相关的关系，在图形的表现上则不太符合环境库兹涅茨倒"U"形曲线。

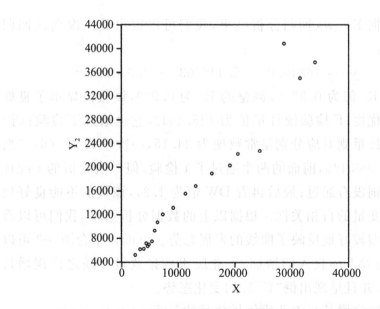

图 6-3　人均 GDP 与工业废气排放量之间的关系散点图

③经济增长与工业固体废弃物产生量的关系

将人均GDP记为X,将工业固体废弃物产生量记为Y_3,它们在1994—2013年间的发展趋势及变化关系散点图如图6-4所示。

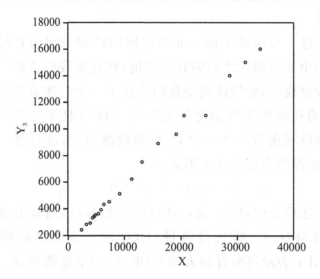

图6-4 人均GDP与工业固体废弃物产生量之间的关系散点图

其一元二次回归曲线模型为:$y_3 = 1178.19 + 0.4715x - 0.00000113x^2$。其$R^2$为0.994,Adjusted R-squared为0.9938,DW=2.88,F=1535.603,变量的t检验值分别为5.45,13.59及−1.15。虽然调整后的拟合优度比之前的要小,但仍然显示出了良好的拟合效果。而数据的F检验也呈现出良好的显著性特征,t统计量中只有二次项通过检验,DW值也不能反映出变量的自相关性。

从图6-4可以看出,在1994—2014年河南省工业固体废弃物的产生量呈现出持续增加的发展趋势,且在后期表现出较大的增幅;工业固体废弃物的产生量与人均GDP之间基本上呈现出正相关的关系,这反映出伴随着人均收入的增加,工业固体废弃物的产生量也在逐年增长的趋势;二者在图形的表现上不太符合环境库兹涅次曲线,而是更倾向于"N"形曲线的模型。

在上面的内容中,我们利用一元二次函数对河南省的经济增长与环境污染的关系进行了一个初步的分析与讨论,接下来我们要用一元三次函数对河南省经济增长与环境污染的关系进行进一步的验证,讨论它们之间是否真正存在环境库兹涅茨倒"U"形曲线关系。

为了进一步验证上面一元二次回归模型中河南省经济增长与环境污染各项指标之间的有关结论,在这里我们选取了一个环境经济计量模型,根据该模型我们建立了一个三次方的非线性计量模型,通过该模型将会更好地反映出环境曲线的多种变化形式。下面以河南省 1994—2014 年的数据为例,进行进一步的计量分析,将模型设定为如下形式:

$$y = b_0 + b_1 x + b_2 x^2 + b_3 x^3 + b_4$$

在上述模型中,用 y 表示环境污染指标(该指标分别为工业废水排放量(GS)、废气排放量(GQ)和工业固体废物产生量(GF)),用 x 表示河南省的人均 GDP;b_0 表示常数项,b_1、b_2 和 b_3 为各解释变量的系数,b_4 为正常的误差项。根据研究得出,上述模型可以反映出经济增长与环境污染水平的 7 种典型关系:

①当 $b_1 > 0, b_2 = 0, b_3 = 0$ 时,表明随着经济增长,环境质量急剧恶化;

②当 $b_1 < 0, b_2 = 0, b_3 = 0$ 时,表示经济增长和环境质量的关系是相互促进的,随着经济的增长环境质量也相应得到改善;

③当 $b_1 < 0, b_2 > 0, b_3 = 0$ 时,表明经济增长与环境质量之间存在着"U"形关系,它与环境库兹涅茨曲线是一种完全相反的关系;

④当 $b_1 > 0, b_2 < 0, b_3 = 0$ 时,反映出经济增长与环境质量之间存在着倒"U"形的关系,这一关系是典型的环境库兹涅茨曲线模型;

⑤当 $b_1 > 0, b_2 < 0, b_3 > 0$ 时,它表示经济增长与环境质量之间的关系为"N"形,在该图形中我们可以看出,在经济增长的一段时间内,该模型是与倒"U"形曲线关系,类似的,但当经济发展到一定的程度时,环境质量会表现出恶化的趋势,随后环境质量又

会得到改善；

⑥当 $b_1 < 0, b_2 > 0, b_3 < 0$ 时，表示经济增长和环境质量之间的关系是倒"N"形；在该模型中我们可以了解到，在经济增长的早期阶段，环境质量会得到改善，而当经济增长到一定的程度时，环境质量则会呈现出恶化的态势，随后环境质量又会进一步地得到改善；

⑦当 $b_1 = 0, b_2 = 0, b_3 = 0$ 时，表示经济增长和环境质量之间没有关系。

接下来，我们根据上面的分析结果，利用所收集到的河南省1994—2013 年的相关数据，运用 Eviews 软件进行三次回归，得到的回归结果整理后如表 6-3 所示。

表 6-3　河南省 1994—2014 年环境经济计量
模型估计结果（括号内均为 t 检验值）

污染物	常数项 （b_0）	b_1	b_2	b_3	R^2	F 检验	DW 值	图形 类型
工业废气排放量	2006.393 (0.6619)	1.268795 (1.5917)	−2.06E−05 (−0.3942)	4.62E−10 (0.479)	0.9505	102.3505	2.52	N 形
工业废水排放量	77021.22 (12.8779)	5.396911 (3.431)	−0.000109 (−1.056)	−6.66E−11 (−0.035)	0.9366	78.729	1.24	倒 U 形
工业固体废弃物产生量	1040.015 (2.5741)	0.512447 (4.823)	−3.95E−06 (−0.5669)	5.26E−11 (0.409)	0.9946	973.6431	2.86	N 形

将显著性水平取为 $\alpha = 0.05$，下面我们将分别来查询 F 分布表和 t 分布表，根据表中的数据可以得到 $F_{0.05}(3,16) = 3.24$，$t_{0.05/2}(16) = 2.11991$；接下来我们查询当显著性水平为 0.05 时，其 $d_L = 0.86, d_U = 1.73$；R^2 的取值范围为[0,1]，越接近于 1 表示拟合的程度越好。根据表 3-2 中的结果可得，工业废水、废气和固

体废弃物的拟合优度都比较好,其中工业固体废弃物产生量的拟合程度最好;三者的 F 检验值也通过了检验;但是三者的 DW 值仍然不能良好地反映出变量的自相关性;最后,我们来看三者在图形上的表现,在表 3-2 中显示出只有工业废水排放量符合环境库兹涅茨倒"U"形曲线,而工业废气和工业固体废弃物产生量的图形则表现为 N 形曲线模型。

(4)结论分析

在上一部分,我们对河南省经济增长与环境质量的相关数据进行了回归分析,结果发现环境库兹涅茨倒"U"形曲线并不是必然存在的,只有工业废水排放量在图形的表现上符合该曲线的形状,而环境库兹涅茨倒"U"形曲线也只是用来反映经济增长与环境污染关系众多曲线中的一种。接下来,我们将重点研究产生这一结论的原因。

首先,我们应该排除经济增长的周期性变化对环境曲线的影响。根据图 2-1 我们可以了解到,在 1994—2014 年间,河南省的经济在整体上处于持续上升的发展趋势,尤其是在 2009 年以后经济发展速度更加迅速。因而从形态上我们可以判断出,工业废气和工业固体废弃物所显示出来的 N 形曲线并不是由于经济周期的变动所导致的。

其次,我们再来考察经济增长率对该曲线的影响,先搜集河南省总量 GDP 与人均 GDP 的相关数据,计算出其增长率结果如表 6-4 所示。

表 6-4 河南省总量 GDP 与人均 GDP 原始数据及增长率

年份	GDP 总值 (亿元)	人均 GDP 值(元)	GDP 总值 增长率(%)	人均 GDP 值 增长率(%)
1994	2216.83	2467	13.8	12.8
1995	2988.37	3297	14.8	13.8
1996	3634.69	3978	13.9	13
1997	4041.09	4389	10.4	9.6

年份	GDP 总值 （亿元）	人均 GDP 值（元）	GDP 总值 增长率（%）	人均 GDP 值 增长率（%）
1998	4308.24	4643	8.8	7.9
1999	4517.94	4832	8.1	7.3
2000	5052.99	5450	9.5	8.5
2001	5533.01	5959	9	8.9
2002	6035.48	6487	9.5	9.2
2003	6867.7	7376	10.7	10.6
2004	8553.79	9201	13.7	13.9
2005	10587.42	11346	14.2	13.8
2006	12362.79	13172	14.4	13.7
2007	15012.46	16012	14.6	14.7
2008	18018.53	19181	12.1	11.9
2009	19480.46	20597	10.9	10.2
2010	23092.36	24446	12.5	12.6
2011	26931.03	28661	11.9	12.5
2012	29599.31	31499	10.1	10.1
2013	32155.86	34174	9	8.9
2014	34938.24	37072	8.9	8.7

　　根据表 6-4 中的数据，我们做出 1994—2014 年间河南省总量 GDP 与人均 GDP 的增长率变化曲线，结果如图 6-5 所示。

　　根据图 6-5 的增长变化趋势，我们可以看出在 1994—2001 年间，河南省的总量 GDP 与人均 GDP 均呈现出递减的趋势，随后直到 2008 年两者的增长率又出现了递增的趋势，在 2009—2013 年间其增长率又表现为下降的发展态势；将该折线图与污染随收入变化的散点图对比可以知道，在 2010 年附近，当污染指数呈凸函数的时候，总量 GDP 与人均 GDP 则为最低点，而在前期污染随收入变化呈递增趋势的时候，总量 GDP 与人均 GDP 的增长变化折线图则是下降的。该图形说明，N 形环境曲线的来源与经济增长率之间没有相关性，排出了该因素对该曲线结果的影响。

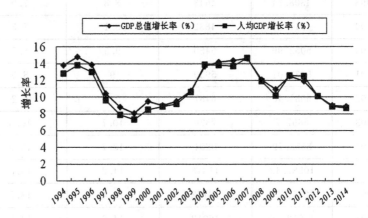

图 6-5　河南省 1994—2014 年总量 GDP 与人均 GDP 的增长率曲线

最后，我们再来研究一下产业结构对环境库兹涅茨曲线的影响情况，在这里我们主要选取霍夫曼比率（重工业总产值与轻工业总产值的比率）来进行检验。根据所搜集到的数据作出如下的图形：

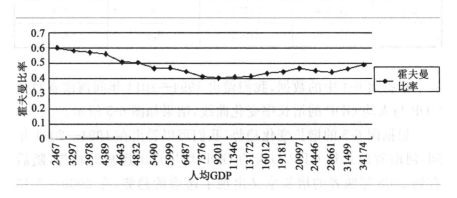

图 6-6　河南省 1994—2014 年霍夫曼比率与人均 GDP 关系图

根据图 6-6 我们可以看出，它大致上呈"W"形。在刚开始的时候，轻工业比重一直处于下降阶段，在人均 GDP 达到 9201 元时则有所上升；当人均 GDP 为 20597 元时，轻工业比重又继续下降,但是其下降的幅度有所缓和。在轻工业比重再次有所上升的阶段,各项污染指标都呈现出明显的下降趋势。这是因为重工业污染物的排放量比轻工业污染物的排放量仍要大很多。

我们还可以利用第二产业与第三产业之间的比例来进一步地分析产业结构对该曲线的影响,其图形如下所示。

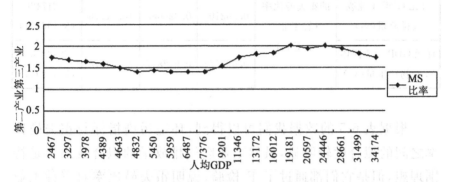

图 6-7　河南省 1994—2014 年人均 GDP 与第二产业/第三产业的关系

图 6-6 与图 6-7 基本上相似,都呈现出不规则的"W"形趋势,它们都反映出河南省的人均 GDP 主要的是依靠工业,尤其是重工业。随着重工业比重的增加,各工业"三废"污染指标也呈现出增长的趋势。当重工业比重有所下降时,各污染指标的增速也趋于缓和。这是因为近年来河南省不断地调整产业结构,并大力发展第三产业,所以当人均 GDP 上升的时候,第二产业的比重会变得越来越低。从图中我们还能看出,当第三产业比重下降时,第二产业的比重也随之下降;当第三产业比重上升时,第二产业的比重也随之上升。根据以上的结果,我们可以看出河南省的第二产业受第三产业的影响较大。

接下来,为了进一步地说明产业结构对环境库兹涅茨曲线的影响,我们将选取每百元 GDP 的工业废水排放量、工业废气排放量和工业固体废弃物产生量作为被解释变量,分别以 y_1、y_2 和 y_3 来表示;选取每百元 GDP 的霍夫曼比率作为解释变量(用 x 表示)进行回归分析,得到的回归结果如表 6-5 所示。

表6-5　河南省环境污染指标与霍夫曼比率的关系

被解释变量(y)	解释变量(x)	R^2	调整的 R^2	F 检验	系数值
百元 GDP 工业废水排放量(y_1)	每百元 GDP 的霍夫曼比率（轻工业/重工业）	0.566064	0.541957	23.4808	12.1256 (4.845699)
百元 GDP 工业废气排放量(y_2)		0.362104	0.326665	10.21776	3.217488 (3.196524)
百元 GDP 工业固体废弃物产生量(y_3)		0.623775	0.602847	29.84376	2.02435 (5.462944)

根据表 6-5 的数据我们可以得到，环境污染指标与霍夫曼比率之间的拟合度较明显，虽然工业废气排放量的拟合效果不是特别理想，但是它们都通过了 F 检验，说明霍夫曼比率对三种工业排放物有较强的解释力。

最后，我们再以每百元 GDP 的工业"三废"污染指标为被解释变量(y)，以每百元 GDP 的第二产业与第三产业比率为解释变量（用 x^* 表示）进行回归分析，结果如表 6-6 所示。

表6-6　河南省环境污染指标与第二产业/第三产业比率的关系

被解释变量(y)	解释变量(x^*)	R^2	调整的 R^2	F 检验	系数值
百元 GDP 工业废水排放量(y_1)	每百元 GDP 的第二产业与第三产业比率	0.24826	0.206497	5.944452	−23.89756 (−2.43)
百元 GDP 工业废气排放量(y_2)		0.270878	0.230371	6.687214	−0.815589 (−2.59)
百元 GDP 工业固体废弃物产生量(y_3)		0.212584	0.168839	4.859592	−0.346355 (−2.2)

根据表 6-6 中的回归结果，我们得到各项环境污染指标与第二产业/第三产业比率之间的拟合优度不明显，但都通过了 F 检验。这说明第二产业与第三产业的比值对三种污染物变化的解释力不是特别强。

6.2 环境规制视角下国内外产业结构优化问题研究

6.2.1 环境规制视角下分析河南省产业结构优化的必要性与理论梳理

(1)环境规制视角下分析河南省产业结构优化的必要性

很多学者认为,环境规制的恰当设计能在降低各种化石能源消耗的同时,实现低碳经济转型和促进经济增长。然而,也有许多学者提出环境规制将会使企业处于竞争劣势,使企业和产业丧失竞争力。也就是说,环境规制在有效治理污染的同时可能会给经济增长、技术进步、企业和产业竞争力等带来一定的影响,国内外对此进行了大量的理论和实证研究,主要包括以下几个方面:

一是环境规制的宏观效应研究。这类研究主要包括环境规制与经济增长关系的实证研究。多数学者将环境规制与库兹涅茨曲线进行描述,以衡量或说明环境规制的效率。大多支持环境库兹涅茨(EKC)曲线,即认为经济增长和环境污染呈现倒"U"形曲线,如 Dasgupta (2001)、李春米(2010)。也有一些学者对此做出有条件的修正,如张红凤和周峰等(2009),原毅军和刘柳(2013)。其中,原毅军和刘柳(2013)认为不同类型(费用型或投资型)环境规制对经济增长的影响是有差异的。这类研究侧重于环境规制的宏观效应研究,属于经验研究。环境规制如何影响经济增长是一个"黑箱"而缺乏相关机制的理论研究。本课题试图借助产业结构这个中间媒介打开这个"黑箱",深入剖析其内在机理。

二是环境规制的微观效应研究。环境规制与技术创新、企业竞争优势以及外商直接投资的关系研究。在现代环境规制经济学中,主流观点认为环境规制有利于技术进步和有利于企业获取竞争优势。这类研究认为,合理设计的环境规制可以激发被规制企业创新,产生效率收益。相对于未规制企业,可能导致绝对竞争优势;相对于规制标准较低的国外竞争者而言,环境规制通过刺激创新可对本国企业的国际市场地位产生正面影响。这常被称为"波特假说"。见 Porter 等(1991,1995),Walhurst(2005),黄德春和刘志彪(2006)、赵红(2008)。有的研究认为,环境规制对企业技术进步、企业竞争力乃至产业竞争力的影响因时间长度、行业和地区而异,如 Alpay 等(2002)、金碚(2010)、张成和陆旸等(2011)、沈能和刘凤朝(2012)。这类研究侧重于环境规制的微观效应研究,未就环境规制如何通过价格机制和利益博弈倒逼企业进行技术选择进而影响中观经济展开研究。本研究从价格机制和利益博弈入手,分析环境规制对企业选择进而对产业结构调整的作用机理和影响效应。

由以上分析可知,国内外学者对环境规制的宏观效应和微观效应进行了较为全面的研究,以往研究特别是实证研究的趋势侧重结合行业和地区特点对已有的结论进行检验和修正,对深入剖析环境与经济发展的双赢机制起了重要作用,也为研究各级政府环境规制体制改革提供了依据和方向。但在环境规制的相关研究成果中涉及环境规制的中观效应,即与产业结构的文献和成果却较少,已有的相关研究[谭娟等(2011),肖兴志等(2013),梅国平等(2013)]也侧重实证而系统理论分析不足。环境规制作为对微观主体的规制,势必会对微观—中观—宏观经济产生影响,而中观的产业及产业结构——作为资源之间转换状况的基本载体——起着承接经济增长和资源环境之间的桥梁作用,分析环境规制对产业结构的作用机理与影响效应,从价格机制、激励机制、利益博弈和工具理性角度入手,有助于弥补现有环境规制理论在中观效应层面理论分析的缺失,深入剖析博弈主体选择变迁的利益诱因,从理论上推进了博弈论、数理方法、现代计量经济学在环境规制和产业结构理论中的应用。

依据产业理论,环境规制的引入会通过施加更为严格的环境标准来增加企业的环境成本,进而影响企业的相关选择和产业绩效,影响产业结构的变动。通过环境规制对企业技术创新的倒逼机制促进产业结构调整和自然资源的深度综合利用,带动经济增长就显得至关重要。值得认可的是,河南省政府颁布了一系列有关环境保护的法律法规,不断提高环境保护和环境规制的力度,环境保护投资不断上升,环境规制工具也不断创新。尽管如此,我国整体(包括河南省)的环境态势仍未发生根本性的改善,美国耶鲁大学和哥伦比亚大学的科学家共同推出和发布的世界环境绩效排名 EPI(Environmental Performance Index)显示,2012 年我国在 132 个国家中居第 116 位,EPI 得分为 42.1 分。由于统计口径和评价方法的原因,如此低的得分和排名,虽不能否认我国环境保护工作取得的明显成效,但也一定程度上反映了我国相对较弱的环境规制强度。而且,从规制方式看,我国环境规制还是以环境投资为主,没有充分利用征收排污费的方式进行环境规制,污染减排中主要还是利用末端治理的方法,城市基础设施建设投资是环境投资的主要方式。因此,在这种背景下,探究环境规制力度的不断强化对产业结构优化升级传导机制与路径影响可以使政府更加清晰地认识环境规制对产业结构影响的所有脉络,也可以使其未来在制定环境规制政策和进行环境规制工具创新时充分考虑到对产业结构优化升级的影响以及产业结构升级路径选择创新。

从实际应用价值上来讲,环境规制通过影响企业选择间接作用于产业和产业结构调整,但环境规制对企业和产业存在着成本增加的短期影响和技术进步的长期影响。因此,环境规制的关键就是如何选取从短期影响为主到以长期影响为主的过渡期路径,而这一过渡期路径的选取本质上就是如何内化企业的生态成本,即从根本上讲,竞争力来源于竞争。通过环境规制对产业结构优化升级的作用机理和影响效应研究,能够增强对环境规制目的及工具有效性的认识,强化价格机制作用,诱导利益主体优化配置各种资源,有利于环境规制工具的创新,保障环境规制对产业结构优化升级促进作用的有效性。只有这样,中央政府和地方政府政府制定的环境规制及环境规制工具的创新,才可以既能有效地控制环境问题,又能促进各地区产业结构的优化升级,达到双赢的目的。

(2)环境规制与产业结构优化升级的理论梳理

①环境规制与企业、产业绩效关系研究

环境作为一种复合性资源,在经济发展过程中发挥着举足轻重的作用。作为一种资源,环境具有稀缺性和公共物品性;同时,其污染具有负外部性。根据物质不灭定律和能量守恒定律,超过环境容量的污染会积累在环境中,一旦超过了"环境承载阈值",不仅经济发展难以为继,环境的恢复和治理也会有较大难度,甚至会失去解决任何环境问题的可能性。由于微观经济主体的机会主义的存在,单单依靠市场机制自身难以解决环境问题。因此,环境问题必须由政府通过设定环境标准或者实施经济工具等环境规制措施来解决。对于环境规制的概念及其相关界定主要从其内涵、手段及效率三个方面展开。

环境规制作为社会性规制的一项重要内容,是指由于环境污染具有负外部性,政府通过制定相应的政策与措施,对企业的经济活动进行调节,以达到保持环境和经济发展相协调的目标。环境规制目的是使生产者和消费者在做出决策时将外部成本考虑在内,从而将他们的行为调节到社会最优化生产和消费组合。就一般意义的环境规制政策而言,在现实应用中则有不同的表述。ISO14001对环境规制政策的解释为"一个组织对它的总体环境工作的意图和原则的说明"。法国1994年制定的NFX30-200对环境规制政策的解释为"一个组织或实体的总裁正式陈述的有关环境的目标。环境规制是一般环境政策的组成部分。环境政策将尊重有关的环境立法与法规"。

环境规制手段一般有两种:一是直接规制手段;二是环境规制的经济手段。直接规制手段一般包括标准、配额使用限制、许可证等;环境规制的经济手段一般包括污染权交易制度、押金——返还制度、签订资源协议、排污收费制度、环境税收制度、财政信贷刺激制度等。环境规制主要通过界定环境资源的产权、对环境资源合理定价以及污染者收费制度来纠正试产失灵,实现环境资源的可持续利用。

环境规制政策是一个包括制定、执行、评估和修正等环节在内的统一整体,其中,对于环境规制效率的评价是环境规制政策的基础。环境规制效率又称环境规制影响评价,是指对环境规制政策(包括环境规制提案和现行的环境规制政策)带来的或可能带来的正面影响(收益)和负面影响(成本)进行系统估计,从而为决策者出台和修改环境规制政策提供信息的一种规制工具。其中,正面影响是指环境规制政策带来的或可能带来的环境的改善等,而负面影响是指环境规制政策带来的或可能带来的经济成本的增加。

②环境规制与企业绩效

污染企业是环境规制中最重要的利益集团,也是环境规制的对象。企业一般以利润最大化为目标,在使用末端治理技术条件下,企业这一目标与环境规制存在冲突。由于建设治理污染设施并维持治污设施的运行会增加企业成本,降低企业利润,企业有动机去游说立法机构或收买环境规制机构,以降低环境规制标准,放松对标准的执行和监督,降低处罚力度。在必要时企业还会采取策略性行为欺骗规制机构或与之相对抗。不过,污染企业并不是在所有情况下都一概抵制环境规制,它们也有可能支持甚至主动要求环境规制。一方面,当企业在治理污染的成本或技术上具有优势时,提高环境规制标准可以增加竞争对手的成本,削弱其竞争力,或阻碍潜在竞争对手进入。这时严格的环境规制成为企业获取竞争优势和市场势力的手段,企业会积极支持环境规制或主动要求实行严格的环境规制。另一方面,当环境规制能提高企业的经济收益时,企业就会支持环境规制。环境规制可能会激发企业的技术创新,创新活动带来的生产工艺改进,能源与资源利用效率提高以组织管理的改善,不但能够有效降低污染,而且可以降低企业成本,提高利润。这时环境规制与企业利润最大化目标具有一致性,自然会得到企业支持。在经济发展水平较低时,大多数企业技术水平落后,缺乏创新能力,因而环境规制会降低这类企业的企业绩效。

另外,污染企业原材料的供应商和产品的采购商、销售商能否实现利润最大化目标,在一定程度上取决于污染企业的生产状况。因此,污染企业的上下游企业与其有利益一致之处,环境规制可能会影响被规制企业所在产业的上下游企业绩效。尽管如此,上下游企业并不总是与污染企业利益完全一致,它们也有自身利益。当原材料供应商由于技术改变、发现新矿藏等原因,由供应传统的原材料转向更清洁的原材料时,这样上下游企业绩效受环境规制并不明显。污染企业产品的采购商或销售商更靠近产品的最终消费,当消费需求转向清洁产品时,它们会要求污染企业改变产品结构,或要求规制机构改变规制政策。因此,上下游企业既有可能与污染企业形成共同的利益集团,也为规制机构利用供应链规制污染企业提供了可能。在经济发展水平较低时,原材料供应商往往缺少供应清洁原材料的能力,市场上也缺乏对清洁产品的需求,环境规制会影响到此类企业的绩效。

③环境规制与产业绩效

环境污染在伴随经济增长变动的同时往往呈现产业特征,因为各产业的产业规模、投入要素、生产效率及技术创新等其对污染物排放均有影响。一般而言,能源化工行业、造纸行业、有色金属行业等,由于矿物燃烧、化学反应等特征比较明显,往往是环境污染中的主要行业。同时,产业规模越大,能源要素使用越密集,如果是以传统能源或资源(如煤、石油等)作为其主要投入物,这样的产业规模产出往往与污染物排放正相关,同时也是政府环境规制的重点产业。而生产效率低的企业,往往也是高污染排放的产业。

从20世纪70年代环境保护运动开始,人们在加强环境规制治理工业污染的同时,就对环境规制政策实施可能给生产率、利润率等在内的产业绩效带来的影响给予极大的关注。毫无疑问，环境污染是否能从根本上得以解决，取决于被规制企业对被规制前后生产成本和收益的比较，只有被规制过程中获得的收益大于成本时，对企业的规制才是成功的，但是由于环境规制对企业绩效或技术创新存在不确定的影响，而产业是企业的集合，因此，环境规制在治理环境污染保护环境的同时，在短时间内必定会给产业带来一定的经济负担。

在环境规制和产业绩效的关系上的观点并不统一，有的学者认为环境规制必然导致产业绩效下降，原因在于环境规制可能增加企业的污染治理投资和改变其生产过程和工艺，甚至可能挤占企业的其他生产性和盈利性投资，从而降低其生产率和利润率。有的学者认为环境规制会导致企业进行技术创新，产生创新补偿作用，降低企业生产的"X"非效率从而提高产业绩效。有的学者认为环境规制对产业绩效影响不确定，原因在于企业被规制后创新活动存在不确定性，而且企业被规制后的市场反应还要受到规制政策质量的影响。由于不同环境规制政策工具的特点和功能不同，对生产成本的影响以及对技术创新的激励程度必然存在一定差异，因此在不同环境规制政策下，产业绩效也会存在很大差异。

因此，必须综合分析环境规制对生产成本和技术创新的影响，并且结合产业特点和环境规制政策的质量，才能够全面并且准确地解释环境规制对产业绩效的影响结果。中国作为发展中国家，必然面临着更为严峻的环境保护与经济发展、工业污染防治与产业绩效提高间的权衡问题，这就要求环境规制政策在达到工业污染控制目标的同时，尽可能减少对产业绩效的不利影响，甚至能够带来产业绩效的提高，达到污染控制与产业绩效提高的"双赢"状态。

（3）环境质量、环境规制与产业结构优化升级关系

①环境质量与产业结构优化升级

根据环境库兹涅茨曲线的解释，当经济发展水平比较低的时

候,环境污染程度随着经济增长而提高,当经济发展水平比较高的时候,环境污染程度随着经济增长而降低。经济增长通过经济规模的扩大、经济结构的优化、技术提升的效应反过来影响环境质量。当经济增长需要以资源投入为代价的时候,自然资源被开采和利用的程度越高,废弃物排放得越多,环境污染程度越严重,环境质量越下降。经济发展是分阶段性的,初级工业化阶段以自然资源特别是煤和石油作为其主要投入物,工业化的发展往往是以资源环境为代价,当经济发展到后工业化阶段,往往是以资金密集和技术密集为其主要特征,在生产过程中以清洁生产技术为主,工业化的发展往往会改善环境质量。经济增长所产生的规模效应和结构效应往往伴随着技术效应,技术特征是其工业化过程中的阶段性表现,一般而言,当工业化阶段上升比较快的第一次产业结构升级时,环境污染往往是不断加重,当服务业发展比较快的第二次产业结构升级时,环境污染是不断改善的。因此,环境质量和产业结构优化升级、经济发展存在倒"U"形关系。

②环境规制与产业结构优化升级

各产业的产业规模、投入要素、生产效率及技术创新等对其污染物排放均有影响,因此环境污染在伴随经济增长变动的同时往往呈现出产业特征。这决定了环境改善的根本出路在于产业结构的优化。产业结构优化是实现产业结构与能源原材料结构、技术结构、需求结构相适应的状态,尤其是能源原材料紧缺的情况下要节约使用能源原材料,而现有的政策人为压低了能源原材料价格,导致企业没有节约能源原材料的使用、降低了污染排放的内在动力。因此,环境规制通过对微观主体——企业行为或企业环境绩效的规制,使环境成本内在化,企业为了降低产品成本以维持持久竞争力,势必会加大在环保上的投资力度,逼迫企业选择节约使用原材料能源,改进原有的生产技术和设备,开发引进治污技术,从而促进技术创新和产业结构升级。不同的环境政策工具促使企业采用不同的环境管理策略——选择投资于末端处理技术或清洁生产技术的创新——无论是基于哪种选择,对循环经济的发展和产业生态化的促进,都起到了积极的作用。

　　环境质量、环境规制与产业结构优化存在着耦合性,这种耦合性主要体现在:首先是动力的耦合。化石能源消耗是资源环境问题的突出表现。工业化的初始推进必然伴随着环境污染,而由于工业活动污染的外部不经济以及环境的"公共品"特性使得以解决环境保护问题为目的环境规制就具有了必要性。以企业环境成本内部化为本质的环境规制和以资源存量及增量在产业间再配置为本质的产业结构优化在市场化的解决思路和动力方面是一致的。其次是内容的耦合。根据产业结构演化规律,随着产业规模及结构升级,各种生产要素必然要从农业到制造业过渡,进而再向服务业转移,不同的产业结构决定了经济体系中资源消耗方式和污染物排放水平的差异,从而对环境质量产生影响,而环境规制和产业结构优化的内容耦合体现在大力发展资源消耗低、环境污染低、科技含量高和附加值高的产业,规避经济社会发展和生态环境的衰退,实现经济社会和生态环境的可持续发展。

　　(4)环境规制对产业结构优化升级作用机制分析

　　环境规制的政策制定和执行过程涉及规制机构、排污企业、公众三个主体,产业结构优化过程主要涉及不同产业内各企业规模变动,环境规制对产业结构优化升级的影响是通过企业微观行为的变动来实现的,而环境规制的作用对象主要是企业,因此,环境规制对产业结构优化升级关系主要通过激励机制与约束机制、信息披露机制、公众参与机制等来实现的。

　　①激励机制与约束机制

　　激励机制与约束机制的设计目标是解决信息不对称下规制机构为激发被规制者潜能,实现被规制者行为与规制机构目标兼容。环境规制目标是降低环境污染,企业实现减排,因此,必定涉及企业技术创新或者环境投资的激励机制和偷排、漏排行为的约束机制,前者主要通过法律法规、政策条例、排污权交易、技术创新转让许可来实现,后者主要通过企业投机行为行政处罚、环境污染收费等方法来实现。

在具体的规制机构和被规制企业之间,往往面临着博弈行为,一般而言,企业对环境治理的可能性与环保部门的罚款正相关。规制机构针对环境污染的惩罚力度越大,或者环境保护部门检查被规制企业的成本越低,企业对环境污染进行治理的可能性越大,规制效果越好。从这个角度说,环保部门结合被规制企业特点制定规制政策,提高规制工作效率,降低环境规制成本,加大对排污企业的处罚力度,能提高企业进行污染治理的概率,促使产业内企业都参与污染治理,从而促进产业的清洁化和环保化发展,促进产业结构优化。

②公众参与机制

公众在环境规制中往往处于被规制企业——排污企业集团相抗衡的另一阵营,也是环境规制的对象。增强公众的参与意识是环境保护产业发展的直接动力,随着社会生活水平的提高,公众环境意识不断增强,公众环境意识是环境政策制定和执行的依托,公众参与在环境保护中的作用会越来越突出,综观发达国家环境保护经验,公众参与在环境保护中的作用不容小觑,特别是欧盟为我们提供了有价值的经验。美国曾在 1986 年发布《紧急计划与公民知情权法律》要求企业公布其有毒物质的排放量。欧盟的环境宣传教育中,特别注意对公众环境信息的传递作用。其认为:"环境问题只有在相关层次上所有有关公民的参与下,才能得以有效解决,在各国,每一个人都可适当地了解由公共当局所拥有的包括个人所在社区中危险材料和活动在内的有关环境问题的信息,并有机会参与各项决策过程。"[1]

在环境规制政策执行过程中,为避免规制机构与被规制企业"合谋寻租"、规制机构监督不力或被规制企业偷排漏排,公众对环境规制机构行使规制权力和企业排污行为起到一个非常重要的监督作用,从而有效地履行自己的环境权益。

通过公众参与制度,对规制机构和企业行为进行有效的监

① 唐秀丹.欧盟环境政策的演变及其启示[D].大连理工大学硕士学位论文,2005,36.

督,能够提高环境规制效率,规制排污企业行为,间接影响产业规模,从而影响产业结构调整。

③信息披露约束机制

信息披露机制是指环境规制部门和企业向社会大众、产品消费者、投资者等公开环境、企业和产品相关的信息,其中,环境规制部门要定期发布城市空气质量、水环境质量等,企业应向社会公众和投资者发布环境污染信息及污染物可能造成的损害等信息。通过环境信息披露制度,资本市场的投资者了解企业的环境绩效从而能够更好地做出投资决定。产品市场的消费者通过信息披露了解产品相关信息,了解产品的污染含量从而更好地做出购买决策。社会大众了解企业污染物信息或居住环境信息,能够更好地保护自己的环境权益。而投资需求、消费需求和社会大众的环境需求又通过信息披露渠道反馈到规制机构和企业处,从而进一步影响规制机构的环境标准制定和企业生产决策。

因此,通过环境信息披露制度,投资者、消费者、社会大众通过投资结构、需求结构、产品供给结构的不断调整,影响企业生产规模和生产决策,从而间接影响产业结构优化。

6.2.2　国内外环境质量、环境规制与产业结构优化实践与经验分析

(1)发达国家环境质量、环境规制与产业结构优化升级实践分析

环境库兹涅茨曲线模型清晰地描述了一个国家的环境质量变化伴随着经济增长和产业结构的改变,已得到广泛的实证支持。我们以美国、欧盟、日本为例,分析其环境规制变迁与产业结构优化升级的经验。

①美国环境质量、环境规制与产业结构优化升级的实践分析

环境污染和工业生产相伴随,第二次工业革命后的 19 世纪,美国工业生产迅速发展,19 世纪末,工业污染开始变得严重,如美国芝加哥河的油脂曾被称为"液体彩虹"。但引起人们对环境的

关注不是始于工业废气和废水的排放,而是工业固体垃圾和生活垃圾的排放,所以 1899 年美国的联邦立法机构就曾通过垃圾管理法,禁止垃圾在航道内肆意抛弃。

随着人口的增长和汽车的普及,汽车尾气排放所造成的污染物成为城市空气污染物的主要来源,曾高达 85%,导致在 20 世纪 50 年代洛杉矶曾经出现严重的光学污染事件,所以人们对环境保护的关注日益上升。在水污染方面,1948 年美国曾通过《水污染控制法案》,授权州或地方政府处理本地水污染问题,并且在 1956 年、1961 年、1965 年、1966 年、1970 年、1972 年、1977 年、1987 年通过修正案,对环境硬性管制和经济手段做了明确的说明。1970 年美国总统签署了由国会通过的《国家环境政策法案》。明确规定了国家的环境政策和成立了环境品质委员会。在空气污染控制方面,美国 1962 年曾通过洁净空气法,1965 年对其修正,并从 1968 年开始执行汽车尾气排放污染限度,1967 年美国通过《空气品质法案》。在噪声控制方面,美国 1972 年国会通过了《噪声控制法》,规定了各种商品产生噪声限度的全国统一标准。各州根据自己的情况制定了固体废弃物排放的办法。

除了环境立法方面,美国把经济手段也引入环境保护工作,包括环境税收政策、排污权交易政策、生态补偿制度、环境产业政策等,多种手段并举,在执行中注重公众参与、不断制定并完善环境经济政策、推进环境技术创新,成效显著。

在环境政策不断深化的过程中,美国产业结构也不断升级,我们用第三产业产值/第二产业产值来表示产业结构升级指数,据有关统计,美国"二战"后的产业结构升级指数一直处于上升状态。美国 1947 年产业结构优化指数为 1.92,到 2010 年达到 4.70①,美国的经济增长占 GDP 的比例高达 80%。

②欧盟环境质量、环境规制与产业结构优化升级的实践分析

西欧在历史上最早实现工业化,同样也最早遭受工业污染,

---

① 乔晓楠,张欣.美国产业结构变迁及其启示——反思配第一克拉克定律[J].高校理论战线,2012(12):32—42.

西欧环境污染发生于 18 世纪末 20 世纪初,这一阶段由于蒸汽机的发明和使用,环境污染集中在煤、化工污染带来的重金属污染。环境污染发展于 20 世纪 20 年代到 40 年代,由于石油和天然气生产与使用,使得污染集中在二氧化硫和烟尘排放污染,后期的石油化工和有机合成工业的发展导致了严重的水污染。环境污染泛滥于 20 世纪 50 年代到 70 年代,石油、煤炭、采矿和石油化工业的发展使得环境污染公害事件此起彼伏。

但是欧盟的环境政策萌芽阶段也是始于"二战"后的 20 世纪 50 年代,这个阶段的特点主要是以"末端治理"的环境污染立法,如英国曾于 1956 年颁布《清洁大气法》《清洁河流法》,1960 年颁布《噪声控制法》,荷兰曾于 1962 年颁布《公害法》、1972 年颁布《大气污染法》等。确切来说,1973 年的欧盟环境政策主要集中在各种环境法令上。1973 年、1977 年和 1983 年,欧盟理事会分别通过了《欧共体第一个环境行动规划》(1973—1976)、《欧共体第二个环境行动规划》(1977—1981)和《欧共体第三个环境行动规划》(1982—1986),这些计划明确了环境污染排放(包括废水、废气、交通污染和化学物质排放等)的标准,还增加了环境影响评价、环境标签等内容,同时对越境污染、土壤污染等新的环境问题等都做出了规划。欧盟在此期间也进一步完善了环境法,包括水法、空气法、废物法、噪声法、自然保护法等内容。1987 年《单一欧洲法》正式生效,消除了欧洲共同体的环境权限,促进了欧盟的环境政策。并且在环境管理手段上也是采用直接社会管制和经济管制并举,包括法律法规、环境标准、环境征税、特许费征收、押金、财政援助等措施。欧盟 1997 年颁布了《阿姆斯特丹条约》,把可持续发展作为发展的原则和目标,深化了环境政策的范围和实施的力度。

欧盟的环境政策的一个明显特点是和工业政策、农业政策、能源政策、交通政策、贸易政策的协调,通过欧盟生态标签措施、环境审计措施、污染综合防治措施、"麦克萨里"改革、农业补贴、节能计划补贴、环境贸易中针对环境危害的投资政策等,通过这些措施,欧盟国家普遍实现碧水蓝天,城市乡村环境优美,生活环境良好,在越境污染控制方面也取得了成效。

在产业发展方面,欧盟大力发展绿色产业,制定和推行可持续发展标准,在产业政策上推行节能技术改造、推广能效标识等措施淘汰落后产能,推动新能源产业化,对外贸易上高举"绿色壁垒"对内进行产业结构调整,对传统制造业和先进制造业"两手抓",积极发展机械制造、通信、生物等先进制造业,提高了欧盟产业竞争力。

③日本环境质量、环境规制与产业结构优化的实践分析

"二战"后的 20 世纪 50—60 年代,日本经济高速增长,产业结构以冶金、石油、钢铁、重化工业等基础性工业为主,虽然奠定了经济腾飞的坚实基础,但同时也产生了严重的环境污染,发生了一系列波及范围较广的公害事件,如汞污染引起的水俣病、石油冶炼和工业燃油引起的四日市哮喘病、镉污染引起的富山痛痛病等世界著名环境公害事件。另外,在"二战"之后的经济恢复期的产业结构政策下,重点发展区域的生产和消费活动过于集中,破坏了地区环境生态平衡,但日本政府对环境保护不够重视,社会保障福利事业投入等相对落后,致使环境质量下降比较大,在 20 世纪 60 年代后半期,日本以公害大国而闻名,到 20 世纪 70 年代,与环境污染有关的诉讼案件约有 6 万件。

面对严峻的环境污染现状,日本政府从 20 世纪 70 年代初以前,环境政策以末端治理为主。20 世纪 50 年代末开始制定和颁布了一系列环境保护法规,包括《公共水域水质保全法》《工厂排污规制法》《烟尘排放规制法》《公害对策基本法》和《大气污染防治法》等,建立起完善的环境保护管理、执法、研究、监测机构,1970 年内阁设置公害对策部,1971 年在公害对策基础上成立了环境厅,环境保护产业也应运而生。20 世纪 70 年代到 90 年代初,日本进入环境保护阶段,1970 年公害国际会议发表了《东京宣言》,开启了"环境财产权"理论的探讨,20 世纪 90 年代以后是应对国际化问题和环境与经济并行的阶段,1993 年日本政策制定了《环境基本法》,同时废止了《公害对策基本法》,并且于 1994 年、

2000 年开始制定实施第一个和第二个环境基本计划,1997 年制定了《环境影响评价法》、2000 年又制定了《循环型社会形成推进基本法》、2002 年制定了《自然再生推进法》。环境治理制度也是多样化,包括环境影响评价制度、公害防止计划、总量控制、公害防止协议、公害防止管理员制度、公众健康受害补偿制度、公害纠纷处理制度等多种制度并举,公众参与度日益提高,特别是后期环境 NGO 规模之大、参与度之高、贡献之大在世界上也是首屈一指。

纵观日本环境保护的历程,可以看出,日本以环境公害教训为起点,政府、企业、民众环境保护举措和行动使得日本全面控制了工业污染,日本空气质量、水和大气质量也得到全面提升。更为重要的是,由此推动了日本产业结构从 20 世纪 70 年代开始转向以化学工业、电子、汽车等低污染产业为主导产业的产业结构,同时日本的产业布局也相应由大城市向城市远郊区扩展,形成典型的临海型布局,并且在 20 世纪 90 年代以后,逐步把制造业转移到亚洲和中南美的其他国家。

(2)国内环境质量、环境规制与产业结构优化升级的实证分析

①实证模型设定、变量选择及数据说明

(a)产业结构优化与环境污染。污染排放是产业产出的副产品,而不同的产业具有不同的污染排放强度,因此,产业结构的优化有利于环境质量的改善,建立模型用于刻画产业结构优化对环境改善的影响。

$$\log P_{it} = c_i + \alpha_i \log T_{it} + \beta_{1i} \log O_{it} + \beta_{2i} (\log O_{it})^2$$
$$+ \beta_{3i} (\log O_{it})^3 + \gamma_i \log U_{it} + \varepsilon_{it} \tag{6-1}$$

式中:i 表示横截面省份;t 表示时间;P 表示的是地区环境污染状况;T 表示技术进步;O 表示各地区产业结构优化指数。考虑到产业结构优化对环境质量影响先降后升的事实,在计量模型中加入了产业结构优化的二次项和三次项。鉴于城镇化所带来的资源环境压力,引入城镇化水平(用 U 表示)作为另一个解释变量。

本模型借鉴环境库兹涅茨曲线的思想,考虑到技术进步和城

镇化对环境的影响,因此把技术进步和城镇化作为解释变量,赵海霞等的研究也证实了这一点。根据模型(6-1)的回归结果,当 $\beta_1 > 0$ 且 $\beta_2 = 0$、$\beta_3 = 0$ 或 $\beta_1 < 0$ 且 $\beta_2 = 0$、$\beta_3 = 0$,意味着环境污染随着产业结构优化单调递增或递减;当 $\beta_1 > 0$ 且 $\beta_2 < 0$、$\beta_3 = 0$,表明存在倒"U"形 EKC,拐点为 $\log O = -\beta_1/\beta_2$;当 $\beta_1 < 0$ 且 $\beta_2 > 0$、$\beta_3 = 0$ 时,环境污染与产业结构优化之间存在"U"形曲线关系;当 $\beta_1 > 0$ 且 $\beta_2 < 0$、$\beta_3 > 0$ 时,环境污染与产业结构优化之间存在正"N"形曲线关系;当 $\beta_1 < 0$ 且 $\beta_2 > 0$、$\beta_3 < 0$,为倒"N"形曲线关系。

(b)环境规制与产业结构优化。建立该模型的主要目的是辨识环境规制的产业结构优化效应,因此,环境规制是解释变量,产业结构优化指数是被解释变量,系数的大小反映了环境规制力度强弱变化对产业结构优化的影响效应的差异,借鉴原毅军等的研究构建具体模型形式如下:

$$O_{it} = \theta_i + \delta_i \log C_{it} + \rho_i \log I_{it} + \mu_{it} \tag{6-2}$$

式中:C 和 I 为不同类型的环境规制强度;μ 为随机误差项。

(c)变量界定和数据来源说明。现有的实证文献中,大多采用污染集中度或污染物排放量指标。考虑到数据的可得性,选用污染物排放量指标。污染物排放按其形态又可分为液体污染物排放、气体污染物排放以及固体污染物排放,常用指标有废水、废气(包括 SO_2、氮氧化物、碳氢化合物等)和固体废弃物,先选取万人 SO_2 排放量(t/万人)、万人化学需氧量排放量(t/万人)、万人排放烟(粉)尘量(t/万人)作为污染物排放指标测度环境污染程度,指标越大表示环境质量越差,用专利授权量表示技术进步。借鉴徐德云的研究结果,产业结构优化程度用 $O = \sum (l_j \times j) = l_1 \times 1 + l_2 \times 2 + l_3 \times 3$ 表示。其中 O 表示产业结构优化指数,l_j 表示第 j 产业的增加值与整个 GDP 的比值,O(取值范围为[1,3])指标越接近 1,意味着该地区产业结构层次越低;越接近于 3,意味着该地区产业结构层次越高。城镇化水平用城镇人口占总人口比表示。在模型(6-2)中,考虑到国内外环境规制指标差异较大,借鉴原毅军等的做法,从环境费用(C)和环境治理投资(I)两个指标度量环境规制强度,用排污费征收(具体为对固体废物、大气、水和噪声征收的费用)代替环境费用,在环境治理投资的产业结构优化效应分析基础上,进一步考虑不同类型环境治理投资(包括城市环境基础设施建设投资、工业污染源治理投资、建设项目"三同时"环保投资)对产业结构优化的效应。由于西藏数据缺失,所涉及的数据为中国大陆地区除西藏外的 30 个省、市、自治区 2003—2012 年的具体数据,其中,历年各地区 SO_2 排放量、环境费用、环境投资数据来自 2004—2013 年的《中国环境统计年鉴》,其他指标均来自 2004—2013 年的《中国统计年鉴》,通过对不同指标数据计算整理得出各个具体变量的描述性统计(见表 6-7)。

表 6-7　变量数据的描述性统计分析

变量	样本/个	均值	标准差	最大值	最小值
万人 SO_2 排放量对数($\log S$)	300	5.139	0.601	6.476	3.237
万人化学需氧量对数	300	3.414	0.755	5.195	0.912
万人烟(粉)尘排放量对数	300	4.734	0.684	6.294	2.849
技术进步对数($\log T$)	300	8.481	1.539	12.506	4.248
产业结构优化指数(O)	300	2.270	0.119	2.756	2.028
城镇化水平对数($\log U$)	300	-0.763	0.279	-0.113	-1.395
环境费用对数($\log C$)	300	1.226	1.036	3.358	-2.446
环境投资对数($\log I$)	300	4.410	1.026	7.256	1.281
城市环境基础设施投资对数($\log I_1$)	300	3.823	1.140	7.141	0.182
工业污染源治理投资对数($\log I_2$)	300	2.254	1.056	4.436	-1.610
建设项目"三同时"环保投资对数($\log I_3$)	300	2.977	1.169	5.990	-1.204

说明:样本个数为 300 表示为 30 个省份 2003—2012 年 10 年的数据,下表同。

②实证结果分析

(a)产业结构优化与环境污染。利用 Eviews 软件对计量模型进行回归估计,假定截距项反映一定的个体特征,截距项和各解释变量之间存在一定的相关性,从定性角度看,选择固定效应会更适合本模型的估计,另外由于分析的是各地区产业结构优化和环境污染的关系,不存在随机抽样的问题,可以使用固定效应。由检验结果(见表 6-7)也可以看出,各地区 Hausman 检验结果也支持个体固定效应模型优于个体随机效应模型。在对模型参数进行估计时,对于固定效应回归模型使用截面加权最小二乘法进行估计,对随机效应模型采用常见的普通最小二乘估计。由于涉及的面板数据是一阶平稳数据,采用常用的 ADF 检验指标对回归模型的残差进行平稳性检验。因为产业结构优化指数对数的立方项不显著,可以考虑 $\beta_3 = 0$,对剔除了产业结构优化指数对数立方项的方程重新进行估计(见表 6-8)。

上面已经说明,我们用万人 SO_2 排放量、万人化学需氧量、万人烟(粉)尘排放量作为环境污染指标。我们选取了万人 SO_2 排放量作为例证,为了更加全面验证产业结构优化与环境污染的关系,我们还选取了万人化学需氧量、万人烟(粉)尘排放量作为环境污染测度指标进行验证,分析过程和结果大致类同,限于篇幅,不再一一列举。由模型 6-1 和表 6-8 可以看出,在其他条件不变的情况下,技术进步有利于改善 SO_2 排放量,但技术进步的 SO_2 排放量改善效应在东部、中部、西部地区是有差异的,其中,东部地区技术进步所带来的 SO_2 排放量下降效应最大,技术进步提高 1% 会导致万人 SO_2 排放量下降 0.192%,西部地区次之,中部地区技术进步的 SO_2 排放量改善效应最小。产业结构优化的环境污染效应可以由 β_1 和 β_2 值及符号可以看出,万人 SO_2 排放量和产业结构优化指数呈倒"U"形关系,工业化初始阶段往往伴随着化石能源消耗工业比重增加,而随着工业化演进,高新技术产业和服务业比重会不停上升,经济增长逐步减少化石能源的消耗,缓解了工业生产的环保压力。另外,由拐点 $\log O^* = -\beta_1/2\beta_2$ 进一步计算,全国、东部地区、中部地区、西部地区万人 SO_2 排放量和产业结构优化指数的倒"U"形曲线的拐点位置分别为 $O_{全国} = 2.236, O_{东部} = 2.269, O_{中部} = 2.263, O_{西部} = 2.227$。这一估计结果表明,全国产业结构优化指数低于 2.236 的临界水平时,随着产业结构优化指数上升,万人 SO_2 排放量会增加,当产业结构优化

表6-8　产业结构优化对 SO₂ 排放量的影响

被解释变量	全国		东部		中部		西部	
变量	FE	RE	FE	RE	FE	RE	FE	RE
					log S			
模型选择								
常数项 c	−18.678***	−20.123***	−15.383***	−17.371***	−47.522***	16.376	−33.033	−28.550*
技术进步 α	−0.135***	−0.118***	−0.192***	−0.183***	−0.042*		−0.176***	−0.123**
产业结构优化 β₁	63.74142***	66.641***	55.747***	60.964***	129.757***		102.073***	80.199*
β₂	−39.599***		−34.008***	−37.567***	−79.398***		−63.718***	−50.01*
城镇化 γ	0.756***	0.645***	1.059***	0.954***	0.136	0.117	1.030***	0.797**
Hausman检验	15.406***		16.582***		54.188***		9.871*	
残差 ADF 检验	116.770***	114.149***	51.570***	54.251***	39.252***	36.446***	55.068***	46.136*
调整 R²	0.980	0.338	0.952	0.582	0.946	0.150	0.971	0.088
观测值	300	300	110	110	80	80	110	110

说明:*、**、*** 分别表示10%、5%和1%的水平上显著;空白部分表示对应结果不显著,下同。

指数超过 2.236 的临界水平时,万人 SO_2 排放量才开始出现下降趋势。这一临界值的大小排序依次为东部地区、中部地区、西部地区。重要原因在于中、西部地区的后发优势,可以通过环境政策和东部地区的技术示范效应在产业结构优化同一水平上会提前到达拐点。但是,如表 6-8 所示,由于东部地区和中西部地区发展的差距及经济发展方式的原因,从总体上说,东部地区各个省、市(除福建、海南外)已经基本上提前达到拐点,中、西部大多省份是近年才达到拐点,或者还未达到拐点状态(姚亮、梁静茹(2010)利用 EIO-LCA 方法及 1997 年中国区域间投入产出表来核算中国八大区域间产品(服务)以及隐含的碳排放在区域之间流动和转移总量,研究发现区域承接拉动作用的碳效率从大到小顺序是京津、西南、东部沿海、北部沿海、西北、东北、南部沿海、中部区域。这也许能够部分解释为什么中部地区大部分省份都尚未达到拐点)。另外,随着城镇化的快速发展,常住人口、流动人口增加,生活方式转变引起的能源消费变化等都伴随着大量污染物排放,我们不得不支付资源环境的巨大代价,由表 6-8 城镇化发展对万人 SO_2 排放量的效应可以看出,东部地区城镇化和西部地区城镇化提高 1%,会引起万人 SO_2 排放量分别提高 0.6% 和 1%。这意味着相对于东部地区来说,西部地区城镇化发展面临着资源环境的较大代价。也许是截面较少的原因,中部地区城镇化的资源环境效应不甚明显。

表 6-9 东部、中部、西部地区环境库兹涅茨曲线
拐点及省、市(拐点值对应年份)分布

地区拐点值	省、市分布及对应拐点年份
$O_{东部}=2.269$	北京(2003)、天津(2003)、河南(2012)、辽宁(2009)、上海(2003)、江苏(2003)、浙江(2003)、福建(?)、山东(2010)、广东(2003)、海南(?)
$O_{中部}=2.263$	山西(2005)、吉林(?)、黑龙江(?)、安徽(?)、江西(?)、河南(?)、湖北(?)、湖南(?)
$O_{西部}=2.227$	四川(?)、重庆(2003)、贵州(2007)、云南(2009)、陕西(2009)、甘肃(2011)、青海(2003)、宁夏(2005)、新疆(?)、广西(?)、内蒙古(2009)

注:括号内"?"表示拐点尚未出现。

（b）环境规制与产业结构优化。第一，不同形式环境规制对产业结构优化的影响。对于模型 6-2，面板模型检验和具体模型选择分析过程同上，具体结果见表 6-10。我们从表 6-10 的 Hausman 检验结果可以看出，个体固定效应由于随机效应，从个体固定回归模型结果可以看出，在其他条件不变的情况下，环境费用提高 1％，在东部、中部、西部地区的产业结构优化效应是不一样的。对于东部地区而言，环境费用提高 1％，会导致产业结构优化指数下降 0.014 个单位，而中、西部地区环境费用提高 1％，会带来产业结构优化指数分别提高 0.034 个和 0.043 个单位。从全国环境费用和环境投资的实际产业结构优化效应数值可以看出，环境投资对产业结构优化的提高效应要大于环境费用。分地区而言，在其他条件不变的情况下，环境投资对东部地区产业结构调整比较有效，而环境费用更能促进中西部地区产业结构调整，这再次印证了分类和分地区环境规制的必要性。

第二，不同类型环境投资的产业结构优化效应。前面实证分析表明，环境投资对产业结构优化具有促进作用，但环境投资方式多样，每种方式是否具有相同的效应还有待考证，参照前面部分的做法，我们进一步考察三个指标（城市环境基础设施投资、工业污染源投资和建设项目"三同时"环保投资）的产业结构优化效应。采用截面加权最小二乘法的个体固定效应模型估计三个指标各自在其他条件不变情况下的产业结构优化效应，为消除所有指标放入估计方程的多重共线性，本研究逐一把每个变量放入模型进行回归，具体结果见表 6-11。由表 6-11 可以看出，就全国及各地区而言，三种形式的环境投资（除东部地区的工业污染源投资外）基本都能显著地促进产业结构优化，但具体每种环境投资方式的促进效应却因地区而言，就东、中部地区而言，城市环境基础设施投资的产业结构优化效应最大，而西部地区的建设项目"三同时"环保投资效应最大。而由表 6-11 的描述性统计和图 6-8、图 6-9 可以看出，我国不同地区环境投资以城市环境基础设施建设投资为主，占到总投资的 45％～70％，治理工业污染源投资占总

表 6-10　不同类型环境规制的产业结构优化效应

被解释变量	产业结构优化							
	全国		东部		中部		西部	
模型选择	FE	RE	FE	RE	FE	RE	FE	RE
常数项 θ	2.147***	2.119***	2.095***	2.088***	2.145***	2.141***	2.181***	2.176
环境费用 δ	0.017**	0.035	−0.014**	−0.017***	0.034*	0.023*	0.043**	0.045**
环境投资 ρ	0.025***	0.035	0.056***	0.059***	0.006*	0.010*	0.003*	0.004*
Hausman 检验	16.664***		15.548***		10.942***		16.278***	
残差 ADF 检验	131.274***	109.263***	24.729*	44.103***	50.634***	48.050***	60.379***	59.466***
调整 R²	0.930	0.306	0.967	0.501	0.849	0.299	0.791	0.393
观测值	300	300	110	110	80	80	110	110

环境投资比重最小,且有不断下降的趋势,近年各地区稳定在5%～7%,环境投资形式和份额表现出趋同,我国污染减排主要还是利用末端污染治理的方法,再次凸显出我国环境投资单一化和趋同化的问题。

表 6-11　不同类型环境投资的产业结构优化效应

投资类型	产业结构优化(固定效应)			
	全国	东部	中部	西部
城市环境基础设施	0.023***	0.043***	0.020***	0.022***
工业污染源治理	0.018***		0.014***	0.019***
建设项目"三同时"环保	0.021***	0.027***	0.018*	0.021***

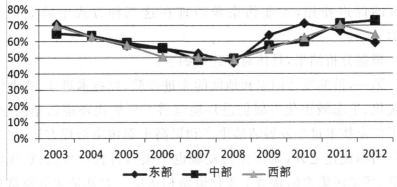

图 6-8　我国东、中、西部城市基础设施建设占环境投资的比重

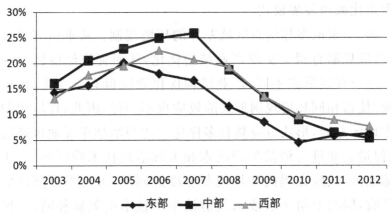

图 6-9　我国东、中、西部工业污染源治理投资占环境投资的比重

因此,本部分研究了环境质量、环境规制和产业结构优化的协调和耦合关系,从模型的分析中得到在其他条件不变的情况下,随着技术进步,万人 SO_2 排放量水平不断下降;产业结构的优化对万人 SO_2 排放量的影响存在着先下降后上升的趋势,从另一个角度体现了环境库兹涅茨曲线的存在,由于后发优势以及环境政策的影响,中、西部地区的产业结构优化指数拐点早于东部地区出现;我国城镇化的快速发展也带来了环境污染问题,尤以西部地区更为明显。而以解决环境污染问题为目的的环境规制又促进了产业结构优化,不同地区不同形式环境规制的产业结构优化效应是有差异的,但总的来说,由于我国污染减排主要采用末端污染治理的方法,城市环境基础设施投资对产业结构调整具有最强的促进作用,工业污染源治理在这三种方式中效应是最小的。

根据分析结果,具体对策建议如下:

第一,借鉴发达国家和地区的先进经验,以技术进步、产业结构优化、生态城镇化发展促进环境改善。要解决环境污染问题,除了依靠技术进步发展清洁生产和提高末端污染治理方法、促进产业结构优化之外,城镇化的发展也必须与科技含量高、资源消耗低、环境污染少的新型工业化道路相适应。尤其是在资源富集的西部地区,更应实现经济与环境协调发展,选择适合自身特点的生态化城镇发展模式。

第二,采取多样的有区域差异的环境规制。从本研究可以看出,环境规制有利于实现产业结构优化,从而促进经济转型的实现。环境规制形式不同,产业结构优化效应也有所变化,区域的差异,使得相同环境规制形式的效应也不一样,因此,环境规制应考虑地区差异,形式也应具有多样化。适当增加东部地区环境投资,促进企业进行清洁生产技术和末端治理技术的创新;对于中西部地区,政府在提高环境规制强度的同时,可适当提高环境费用征收,同时要给予企业采用清洁生产技术的创新补贴,如税收优惠、对采用创新投资的贷款免息或低息等。

(3)国内外环境质量、环境规制与产业结构优化的经验分析

①环境质量和产业结构在时间轴上存在耦合性

产业结构代表着国民经济发展的质量。产业结构不同,自然资源利用效率的质和量就有所差别。特别是工业革命以后,环境污染一直被认为是工业化不可避免的伴随现象。产业结构演进过程的各个阶段与环境质量演变过程的各阶段存在一定的对应关系。从时间轴上看,按照配第—克拉克定理、库兹涅茨定理和产业结构演进的一般规律,前工业化时期,主导产业为农业,在这个时期,主要以木材、煤等天然生物能源为主要燃料来源,环境质量较好,大的污染性事件也较少发生。在工业化初期到工业化中期,即第一次技术革命时期,蒸汽机成为主要动力机,但是机器制造业尚未普及,以煤炭作为主要燃料来源,这个时候的环境污染具有初发性和局部性特点,污染源主要集中在烟煤燃烧、化学工业对大气和河流的污染,污染面具有局部性和有限性。在工业化中期,发生第二次技术革命,火力发电和化学工业的发展,使得石油颜料比重大幅度提高,像电力、化工、钢铁等能源原材料为主的重化工业和高加工型重化工业成为主导产业,由此也产生了更多的环境污染,大气污染、水域污染的环境公害事件开始引起重视,并出现对应的环境政策。到了工业化中期阶段以后,化学工业和电力工业进一步普及,石油、汽车、钢铁产业等耐用消费品产业进一步发展,环境污染泛滥,大气污染、水域污染、固体废弃物污染造成的环境公害事件频发,环境政策开始进入公众视野。在工业化后期及后工业化时期,电子信息、新型材料、生物技术等为标志的第三次技术革命出现,工业发展趋向于技术集约化,产业结构软性化,在这个阶段上,传统型的环境污染基本得到控制和改善,环保措施逐步完善。

因此,工业化的不同阶段对资源环境的影响是不同的。18～19世纪,工业化所导致的资源环境问题开始引起广泛的关注和批评,20世纪中期以来,随着工业化向全世界更多国家的扩展,自然资源的更大规模开采和利用,以及一些国家工业集中地区环境的过度

破坏,使得人们越来越强烈地感觉到资源环境与工业增长的矛盾日趋突出。而工业化的发展和产业结构的演进,又进一步影响和改善着环境质量。产业结构和环境质量存在耦合性(见图6-10和图6-11),这种耦合性主要体现在以下两个方面。

一方面,产业结构主要通过消费和生产、资本积累、技术进步、国际贸易等方式,对环境质量产生影响(如图6-10所示)。每一次产业结构的变化,都意味着生产消费方式的改变、资本积累的规模、技术进步、国际贸易量的变化。如资本积累的规模越大,越有利于发展重工业。几次工业革命的重要阶段都是以技术变革为契机。技术变革推进了工业化过程,而工业化过程推进了产业结构的升级,前两次科技革命巩固了工业在国民经济中的地位,强化了石油、煤炭等生物能源作为主要燃料来源的重要性,也带来了资源浪费和环境破坏性的产业结构。而第三次科技革命促使了传统工业地位的衰落,而工业地位的衰落和服务业的发展推进了产业结构升级,也改善了环境质量。生产方式的变化和产业结构的变化改善了国际贸易,国际贸易通过出口和进口两种方式,对于发展中国家而言,主要是通过出口,完成了其传统优势产业的扩展,也扩大了传统产业环境污染的规模效应,缩短了环境污染发展到泛滥的时间,但环境破坏到治理的时效是否依然会缩短,取决于环境治理的技术进步和环境规制改革。

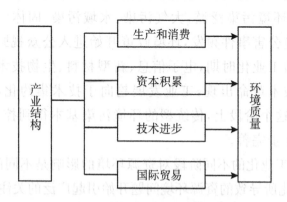

图6-10 产业结构影响环境质量

另一方面,环境要素系统也通过自然资源、环境容量和环境政策等要素,影响着产业结构的变化。如图 6-11 所示,工业生产活动不仅要消耗自然资源,也必须以一定的环境为基础。由于环境容量是有限的,所以环境也是工业活动所必须"消耗"的一种重要资源,在一些情况下,或者超过一定的限度,环境甚至是不可再生的资源。同时,环境政策通过行政命令或者经济手段,如通过环境规章法令、税收政策、财政政策等方式,促进可能会产生外部效应的环境费用内部化,改变产业模式和经济增长方式,促使产业结构由粗放型向集约型转变,从而促使产业结构与环境的协调发展。

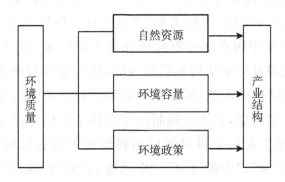

图 6-11 环境质量约束产业结构

②环境规制促进产业结构调整

各国环境规制手段基本上有两种,一是直接规制手段;二是环境规制的经济手段。直接规制手段一般包括标准、配额使用限额、许可证等;环境规制的经济手段一般包括污染权交易制度、押金——返还制度、签订资源协议、排污收费制度、环境税收制度、财政信贷刺激制度等。环境规制主要通过界定环境资源的产权、对环境资源合理定价以及污染者付费制度来纠正市场失灵,实现环境资源的可持续利用。例如我国在所得税优惠中就规定利用废水、废气、废渣等废气物为主要原料进行生产的企业可以在五年内减免或免征所得税。同时在税种设计中特别增加了高污染企业的污染税,目的是为了引导企业进行清洁生产和促进产业结构向生态产业化和循环产业化转变。总的来说,环境规制促进了产业结构调整,这一结论在很多研究中被得到证实,如龚海林 (2013)曾分析了环境规制影响产业机制的作用机理,其用中国 2000—2010年的省际面板数据验证了环境规制可以通过消费需求、投资需求、技术创新、进入壁垒等渠道影响产业结构升级,并且提出了环境规制促进产业结构升级的外延式和内涵式发展路径。李强(2013)利用中国 2002—2011 年的省际面板数据和 Baumol 模型验证了环境规制对产业结构优化的影响,其认为环境规制提高了服务业部门相对于工业部门的比重,促进了产业结构调整。而且,相对于建设项目"三同时"环保投资和工业污染源治理投资来说,城市基础设施建设对产业结构调整的促进作用最强。在所有经验研究中,袁毅军,谢荣辉(2014)的分析最为详尽,其利用 1999—2011 年中国省际面板数据和面板回归和门槛检验模型验证了环境规制对产业结构调整的效应,认为正式规制强度能有效地驱动产业结构的调整,但是这种影响效应却随着污染排放强度的不同而发生改变,非正式规制强度总体上正向促进了产业结构调整,并依据工业污染排放强度的强弱把中国省份划分为 4 组,依次为"强规制"、"中强规制"、"中弱规制"和"弱规制"。因此,应制定差异化的正式环境规制、促进消费者导向的环境规制创新和加强非正式规制的力量。

6.3 环境规制对河南省产业结构优化升级传导机制及实证分析

6.3.1 河南省环境污染影响因素分析

据李玉光,宋子良(2000)有关研究显示,世界银行曾经报道中国每年因为水污染所造成的损失高达 40 亿美元,而因为大气污染所造成的损失每年高达 500 亿美元。因此,环境污染给国民经济造成了巨大的损失。现有关经济增长与环境污染的研究主要集中在环境库兹涅茨曲线的经验性论证,而对环境污染的因素分析较少。总的来说,环境污染是指人类生产生活活动所产生的污染物超出了环境自净能力和环境容量,而引起环境的恶化现象。影响环境污染的因素主要包括经济发展的结构、方式与规模、环境政策、公众环保认知行为等。决定环境恶化的本质因素是经济环境的变化,经济环境的变化通过工业结构的变化、城市化进程、环保科技进步、环保投资等多种方式造成环境污染。如图 6-12 所示,经济增长通过经济活动规模、产业结构、城市化进程、环保科技进步、环保投资水平、环境规制等多种方式对环境污染产生影响。

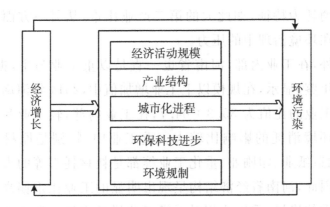

经济增长

经济活动规模
产业结构
城市化进程
环保科技进步
环境规制

环境污染

图 6-12　经济增长过程中环境污染的影响因素及机理①

①经济活动规模。有关环境库兹涅茨曲线研究表明,人口增长必然伴随着经济活动水平的提高和规模的扩大,才能维持日益增长的人口对经济活动的需要。在其他条件不变的情况下,经济活动规模越大,自然资源消耗越快,环境污染排放就会越多。从 1990 年到 2014 年,按照当年价格计算,GDP 从 934.65 亿元增加到 34938.24 亿元,GDP 增加了 36 倍,即使扣除通货膨胀因素,按照实际 GDP 计算,GDP 也增加了 12.71 倍,工业规模总额扩大超过 20 倍。因此,在快速工业化过程中,日益增长的经济活动规模

---

① 参考赵海霞,曲福田,郭忠兴(2006)图 1 绘制。

对资源环境产生了不良的影响,但环境质量作为经济活动的一种投入要素,正在对经济可持续发展形成一种紧约束。

②产业结构。河南省产业结构从 1990 年的 34.85∶35.51∶29.64 演变为 2014 年的 11.9∶51∶37.1,即"二、一、三"演变为"二、三、一",同一时期全国平均水平的产业结构从 1990 年的 27∶12∶41.34∶31.54 演变为 2014 年的 9.2∶42.7∶48.1,即"二、三、一"演变为"三、二、一"。因此可以看出,河南省产业结构总体趋于优化,但第一产业仍然是产业结构优化的重中之重,第二产业高出全国平均水平 10 个百分点,河南省第三产业比重则低于全国平均水平近 11 个百分点,第二产业中的工业发展以资源环境消耗为特征,如此大的第二产业比重,从另一方面表明了河南省在环境治理中的压力。

另外,在工业内部,河南省也一直是以重工业为主,据《河南省统计年鉴》显示,在规模以上工业增加值中,2014 年河南省轻工业和重工业的比值为 35.3∶64.7,在工业内部,轻工业和重工业对资源环境消耗的影响比较大。重工业中,特别是原材料型工业,比如造纸业、印刷业、重化工业等都是耗材耗水等的大型污染产业。因此,河南省经济结构呈现出明显的工业比重偏高和产业结构偏重的格局,重工业相对于轻工业增长更快。和工业发展对应的工业用水规模增大,同时由于节水工艺及设施的原因重复利用率较低,导致河南省工业用水增长较快。这一点从《河南省统计年鉴》中也可以看出,河南支柱产业中食品加工业及制造业、饮料及造酒业、煤化工业、纺织服装制造业等基本都是高污染、高耗水工业,而且河南省工业发展中企业重复利用率较低,所导致的直接结果就是工业用水效率较低,工业废水排放较大。

③城市化进程。城市化指人口或经济活动向城镇集中的过程和现象,其直接表现就是城市数量的增多和规模的扩大。城市化的发展一方面推进了经济、文化、教育和科技的发展,另一方面也引起了各种"城市病",城市化进程过快造成用地紧张、生活用水增加、生态条件恶化,特别是生活垃圾清理问题更是造成"城市

病"的主要因素,严重困扰了城市发展。相对于全国平均水平而言,河南省城市化进程稍显滞后,城镇化水平从 1990 年的 15.52％提高到 2014 年的 45.2％,同期全国城镇化水平从 1990 年的 26.41％提高到 54.77％。根据诺瑟姆(Northam)曲线,城镇化水平在 30％～70％为城镇化加速阶段,城镇化发展将快速上升,因此,河南省和全国一样,正处于 30％～70％的城镇化加速通道中,同时,河南省城市化水平的提高,投资能力的增强也促进了城市环境基础设施的建设。据《关于印发河南省新型城镇化规划(2014—2020 年)的通知》豫政[2014]55 号中有关数据显示,河南省城市生活污水集中处理率已经由 2000 年的 10.5％提高到 87.8％,生活垃圾无害化处理率也由 2000 年的 58.1％提高到 86.4％。

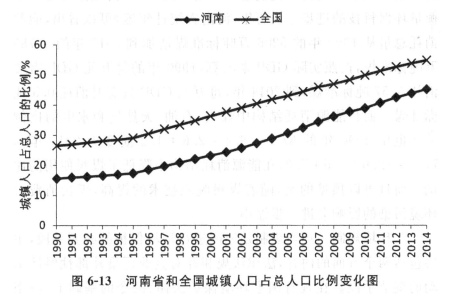

图 6-13 河南省和全国城镇人口占总人口比例变化图

④环保科技进步。环保科技进步主要强调在环境质量改善和清洁生产方面的环境科学进步。一个地方环保科技进步程度可以从三个方面来衡量:首先是高新技术的发展。高新技术的发展促进了清洁生产进度,提高了资源利用效率并且减少了生产排污量,改善了环境质量,因此,高新技术的发展成为任何地方经济发展中所必须强调的战略性产业。河南省高新技术产业发展也

比较快,据《中国高新技术产业年鉴》有关数据显示,河南省高新技术产业从 2000 年到 2013 年,企业个数从 303 家发展到 933 家,主营业务收入从 120 亿元增加到 4284.4 亿元,利润总额从 11.9 亿元增加到 274.1 亿元,高新技术产业发展要领先于经济平均水平。其次是环境科研经费的投入。环保科学技术发展的基础和动力离不开科研经费的投入。我国环境科研经费严重不足,据有关研究显示,我国的环境科研经费相当于美国的 1/500,这并不利于环境科学技术的进步。另外,值得注意的是,从《河南省统计年鉴》近年数据可以看出,河南省环境保护和资源综合利用技术合同成交额从 2006 年的 7297 万元增加到 2013 年的 10143 万元,技术合同的签订有利于推动环境保护技术的应用和进步。再次是能源消耗效率的提高。我们也可以用万元 GDP 消耗能源总量来衡量环保科技的进步。从历年《河南省统计年鉴》可以看出,能源消耗总量从 1990 年的 5206 万吨标准煤增加到 2013 年的 17785 万吨标准煤,按照实际 GDP 来测算,1990 年的每万元 GDP 需要消耗 5.57 吨标准煤,到 2014 年,每万元 GDP 只需要消耗 0.5 吨标准煤。而且能源消耗结构中煤炭、石油、天然气和水电的比例关系也由 1990 年的 87.8：8.4：2.6：1.2 演变为 2014 年的 77.7：12.6：4.5：5.3,在能源消耗结构中降低了煤炭使用的比例。而且可以预见的是,随着煤炭脱硫技术的提高,煤炭消费对环境污染的影响会进一步缩小。

⑤环境规制。环境规制是地区进行环境保护的必要手段,主要包括两个方面的内容,法律法规和针对企业污染外部性经济活动的调节手段。在现有国家环境保护法律、法令的基础上,河南省政府、环境保护厅制定了一系列标准和制度,如《河南省人民政府关于印发河南省环境保护"十二五"规划的通知》《河南省环境行政处罚案例指导制度》《河南省环境行政处罚裁量标准》等对环境保护目标、环境行政处罚案例和行政处罚裁量标准等做出了详细规定,使得在环境行政处罚方面有法有规章制度可依。根据《河南省统计年鉴》数据显示,河南省历年排污费收入变化呈现上

升趋势(见图 6-14),从 2003 年的 7667 万元提高到 2014 年的 81577 万元,这一方面说明了环境污染的普遍性,另一方面说明了行政处罚力度的加大。但总的来说,现行政策中往往约束较多,激励偏少,特别是经济调节手段相对偏弱,单纯的行政处罚往往使得一些小微企业参与环保治理热情不高,奖惩并重已成趋势。

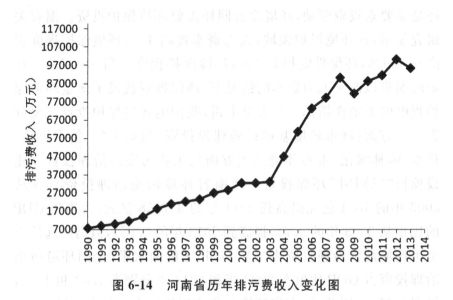

图 6-14　河南省历年排污费收入变化图

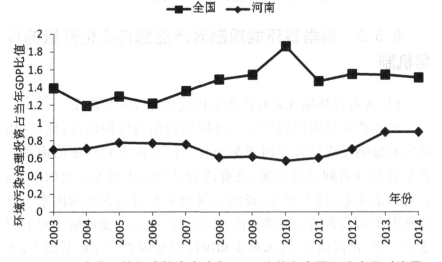

图 6-15　河南省环境污染投资占当年 GDP 比值和全国平均水平对比图

在相关研究中,往往把环境投资(政府针对环境污染治理与保护方面的投资)也视作环境规制的一个方面。在传统经济增长模型中,经济增长可从两个途径获得:要素投资增长(包括人力资本投资和固定资本投资)和技术进步,前者是要素投入驱动型的增长,后者是效率提高驱动型的增长。我国目前的经济增长主要还是靠要素投资驱动,环境改善同样需要环境保护投资。据有关研究显示,在环境保护领域,人力资本提高 1%,环境保护程度提高 0.456%,环保投资提高 1%,环境保护程度提高 0.167%。在短时期难以改善人力资本的情况下,环保投资就成了衡量环境保护程度的关键性指标。从大类上讲,我国的环境保护投资主要分为三个方面:城市环境基础设施建设投资(包括燃气、集中供热、排水、园林绿化、市容环境卫生方面)、工业污染源治理投资和建设项目"三同时"环保投资。河南省环境污染治理投资总额从 2003 年的 48.1 亿元提高到 2014 年的 317.58 亿元,占当年 GDP 的比重从 2003 年的 0.7% 提高到 2013 年的 0.9%,但仍远远低于全国环境污染治理投资占当年 GDP 比值的水平(全国环境污染治理投资占 GDP 比值在 2003 年和 2014 年分别为 1.39 和 1.51,见图 6-15)。因此,河南省环境污染治理投资水平仍有待提高。

6.3.2 河南省环境规制对产业结构优化升级的传导机制

(1)河南省环境规制对产业结构优化升级传导途径

由于产业结构问题就是经济增长的结构性问题,因此,一切决定和影响经济增长的因素都会在不同程度上对产业结构变动产生直接或者间接的影响,既有政治、经济、体制等方面的因素,也有供求关系、技术进步、资源禀赋和对外贸易方面的因素。以库兹涅茨为代表的经济学家认为,影响产业结构变动最主要的因素有三个:供需因素、技术进步和国际贸易因素。在此基础上,考虑到我国对外开放程度不断加大、引进 FDI 的数量不断增加和人力资本在后工业化时代的重要性,笔者认为,FDI 和人力资本也是影响产业结构变动的主要因素之一。而环境规制又通过对供求关系、技术进步、资源禀赋和对外贸易等方面间接对产业结构产生影响（见图 6-16）。因此，环境规制对产业结构升级的影响分为直接影响和间接影响两个方面。

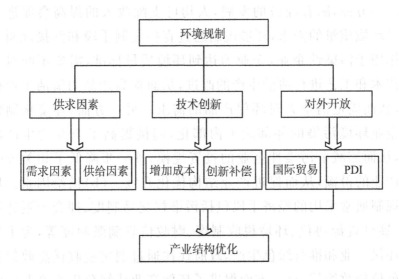

图 6-16　环境规制对产业结构优化升级的传导机制

（2）河南省环境规制对产业结构优化升级的影响与传导机制

①环境规制对产业结构优化升级的直接影响

为了控制污染物排放和保护环境，政府一方面通过制定产业结构、产业布局政策调控产业发展实现产业结构升级，另一方面通过采取直接的行政命令或制定相关的环境政策对产业污染的外部性进行规制，进而促进企业污染外部性内部化，采取清洁生产，从而引起产业结构的变动。例如，河南省环保厅、省发改委曾在 2011 年 4 月发布豫环文[2011]72 号文件《省环保厅、省发展改革委关于印发河南省化工项目环保准入指导意见的通知》明确指出，对排污总量已超过控制指标或无环境容量的区域，要暂停审批新增污染物排放量的化工项目，对确需建设的，应按主要污染物总量等量替代原则，先行关停淘汰落后的产能。此外，通过设置行政收费、市场准入、清洁生产等措施，无形中对企业施加了约束,也会带来产业结构的相应变化。

②环境规制对产业结构优化升级的间接影响传导机制

首先是基于供求因素的间接影响传导机制。在供求视角下,环境规制通过两种途径间接促进产业结构优化升级。(a)需求因素。一方面,随着经济的发展,人均可支配收入的提高会促进人们对环境质量的需求,环境规制通过直接规制手段和间接规制手段作用于污染性企业,企业为达到环境质量标准,需要不断对生产技术和工艺进行清洁生产的改进,从而提高产品的清洁生产程度,从而满足消费者对环保产品的需求。另一方面,环境规制使得企业环境污染的外部成本内部化,间接提高了企业的生产成本,从而缩减了污染性企业的投资规模,进一步降低了相关或同类产业的份额,从而促进产业结构优化升级。(b)供给因素。环境规制通常采用的经济手段包括污染权交易制度、押金—返还制度、签订资源协议、环境税收制度、财政信贷刺激制度等,为了发展环保产业和推行绿色生产,政府往往通过制定税收优惠政策和绿色信贷政策等,这一方面促进了环保产业或绿色生产产业融资的渠道,但另一方面也约束了高污染型企业的融资渠道,高污染型企业资金供给趋紧,从而带来高污染型产业规模缩减,促进产业结构升级。同时,劳动力素质的提高,提高了企业使用劳动力的成本,间接促进企业进行技术创新,有利于产业结构升级。

其次是基于技术创新的间接影响传导机制。现有关环境规制对技术创新的文献研究较多,很多学者对环境规制对技术创新的影响进行了详尽的研究,大多数学者比较赞同"波特假说",即认为在环境规制约束下,企业生产成本增加,企业为了符合环保标准,需要对技术进行创新,但是生产成本的增加短期内会挤占技术创新的资金,同时,技术创新可能会改进企业的生产过程和提高生产效率,因此,如果技术创新带来的收益大于技术创新的成本,就会促进技术创新,即所谓形成"创新补偿"效应。

再次是基于对外开放的间接影响传导机制。对外开放视角下环境规制通过两种途径对产业结构升级产生影响。(a)国际贸易。在国际贸易视角下,国际贸易通过进口国外产品、核心技术和设备等提高国内相关产业技术水平从而促进产业结构优化,另一方面,通过产品国内出口,促进出口产业规模扩张从而影响产业结构优化。从国际层面看,引入环境规制使得发达国家设置绿色贸易壁垒成为可能,一些绿色贸易壁垒非常苛刻以至于超过发展中国家的承受能力,因此,从某种角度上限制了国内高耗产业产品的出口,同时对于新进入企业而言也意味着更为严格的环境标准,增加企业生产产品成本,不利于扩大出口。但从较长时间来看,借助技术创新的作用,从而提高现有企业产品国际竞争力,促进产业结构优化升级。(b)FDI。环境规制视角下 FDI 对产业结构优化升级的影响也具有两面性。一方面,现有很多研究认为环境规制下存在"污染避难说"效应,发展中国家较弱的环境规制吸引了来自发达国家或地区的 FDI,这延缓了产业结构优化进程。如迪安(Dean et. al.)等(2005)认为中国较弱的环境规制仅吸引了港澳台的投资,而未对来自欧盟国家的外商直接投资流入产生影响。另一方面,外商直接投资促进了技术转移,从而影响了产业结构优化。环境规制的实施促进了本土企业的技术创新能力,改善了本国环境,相对于其他环境规制较弱的国家而言,增加了外资流入或合作的吸引力。如曾贤刚(2010)的研究就认为我国环境规制对 FDI 流入的负面影响并不明显。

6.3.3　河南省环境规制对产业结构优化升级效应实证分析

(1)河南省环境规制和产业结构现存问题分析

①环境规制视角下河南省产业发展中存在的问题分析

从环境规制视角看,河南省产业发展中存在的环境问题分析如下。首先是农业发展中面源污染难以测定。农业发展中,由于农业化肥、农药投入密度过大,畜禽粪便、塑料薄膜等的不合理使用,农村生活垃圾的肆意堆放,使得农田中的土粒、氮素、磷素、农药、重金属等在降水或径流冲刷作用下,通过农田地表径流、农田排水和地下渗漏作用下,污染河流、湖泊、土壤、大气环境等造成面源污染。另外,由于饮用水水源和土壤中含有化肥和农药,直接威胁到农村饮水安全问题,且影响了农业生产的稳定性。据有关研究显示,我国农业面源污染引起的水域富营养化的程度和广度已经远远超过了发达国家,对农业生产和生活造成带来了极大的威胁。但是相对于工业污染而言,农业面源污染具有随机性、不确定性和潜伏性,污染负荷和效应难以测定且控制难度大。

其次是工业发展中环境效率较低。工业环境效率低下体现在各个方面,在能源资源消耗上主要体现在工业用水、废水排放和能源消耗两个方面。以 2003—2014 年河南省和全国平均水平工业用水、废水排放为例(见图 6-17),河南省单位工业增加值需要消耗的工业用水量一直低于全国同期平均水平,2014 年河南省单位工业增加值需要消耗的工业用水量为 0.0033m³,全国平均水平为 0.0067m³,河南省创造万元工业增加值需要排放的工业废水为 0.0008 吨,低于全国平均水平单位工业增加值需要消耗的工业用水为 0.001 吨。河南省单位工业增加值用水量仅是全国的 0.57 倍,但单位工业增加值废水排放效率是全国的 0.82 倍。虽然工业用水效率和废水排放效率均高于全国平均水平,但用水效率和废水排放效率发展不同步。和发达地区比如天津相比,差距更大。2014 年天津单位工业增加值需要消耗的工业用水量和工业废水排放量分别为 0.0008m³ 和 0.0003 吨。再以 2014 年河南省和全国平均水平的能源消耗为例(见图 6-18),河南省万元 GDP 消耗的能源中有 77.7% 为煤炭,消耗的能源中有 66% 属于煤炭。

再次是第三产业发展中环境污染形式多样。第三产业内容广泛,包括交通运输业、邮电通信业、餐饮业、金融业、教育文化业等。国家经济发达的标志之一是第三产业所占比重的提高,第三产业发展所带来的环境影响涉及面广、影响程度大且环境危害重,但很多产业如邮电及电子通信业、体育产业、文化卫生业等对环境带来的影响往往是隐性的,难以发觉,所以在环境治理中常被忽略。

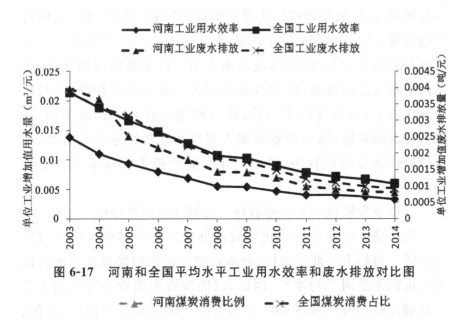

图 6-17　河南和全国平均水平工业用水效率和废水排放对比图

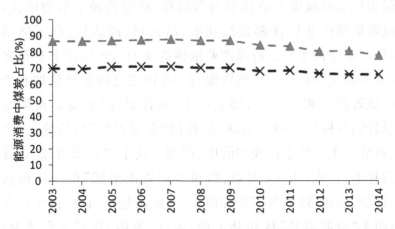

图 6-18　河南和全国万元 GDP 能源消耗量和煤炭消费占比对比图

第三产业发展过程中对环境影响与破坏主要体现在"白色污染（像塑料袋、塑料瓶、一次性饭盒等）"、噪声污染（包括交通运输业、娱乐业、装修业等带来的噪声污染）、大气污染（包括汽车尾气污染、冬季暖气锅炉燃烧排放的气体等）、光污染（以酒店、商场、歌舞厅等场所创造的"人工白昼"为代表）、水电浪费、剩饭菜浪费、信息产业快速发展带来的电磁波污染、旅游业、房地产业等快速发展对绿地、农耕地的侵占及所形成的"热岛效应"等。这些污染的形成，或是由于利益的驱动，或是由于第三产业发展对自然资源环境的非竞争性使用，或是由于第三产业发展过快所致，或是由于相关法制体系、法规政策不完善或缺少可操作性，或是由于环保资金、人力支持不到位，使得环保检查和监督流于形式。随着经济的发展，第三产业发展占据绝对优势比重势在必然，在今后的经济发展过程中，第三产业发展所带来的环境压力不容小觑。

②产业发展视阈下河南省环境规制现存问题分析

第一是产业发展单一化导致部分地区环境劣势难以在短期内扭转。根据上一部分分析，河南省能源消耗中煤炭消费所占比重远远高于全国平均水平，因此，以能源资源消费为特点的工业化发展面临的环境问题必然更为突出。河南省以平顶山、焦作、濮阳为代表的城市工业化发展多以煤、矿等资源禀赋为依托，其环境密集型产业往往都是高耗能、高耗材、高运量、高污染型产业，且产业结构单一。资源产业依赖造成的影响国际上有很多研究，典型的观点是认为自然资源与一些国家之间的经济增长之间存在显著的负相关关系，即会产生"资源诅咒"效应。根据姚予龙、周洪、谷树忠（2011）的研究，我国"资源诅咒"的边缘区、严重区、高危区主要集中在我国的中、西部。其中，"资源诅咒"边缘区包括甘肃、云南、重庆、安徽、四川等；"资源诅咒"严重区包括宁夏、新疆、青海、陕西等；"资源诅咒"高危区包括山西、内蒙古和贵州；而无"资源诅咒"区包括上海、浙江、海南、北京等东部地区。由此可以看出，我国"资源诅咒"严重区和高危区主要分布在西北干旱区、内蒙古高原区和黄土高原区，而受自然环境的影响，这类地区往往也是生态环境最为脆弱的地区，自然资源开发加大了生态环境的压力，导致地区环境问题突出，不仅阻碍了地区潜在优势的发挥，也成为经济进一步发展的障碍。河南省资源密集区的资源依赖与环境污染是否正相关缺乏有效统一的实证研究支撑，但可以肯定的是,自然资源开发力度越大,生态环境压力越大,自然资源开发所造成的产业依赖和产业单一化导致部分地区环境处于劣势,但是由于管制滞后或经济增长的需要,目前缺乏该类区域的有针对性的资源环境管制性措施。

第二是城乡发展缺乏环境统筹必将影响到三化协调发展。城乡发展缺乏环境统筹,主要体现在:一是城乡环境投资的不公平。河南省环境污染治理投资以城市和工业为主,据历年《中国环境统计年鉴》和《河南省统计年鉴》数据显示,河南省 2003—2014 年的环境投资中有 60%~70%属于城市基础设施建设环境投资,6%~16%属于工业污染源治理投资,16%~30%属于建设项目"三同时"环保投资。与之对应的是,改善农村环境状况的投资却少之又少。据《中国环境状况公报》显示,截止到 2013 年底,全国对生活污水、生活垃圾进行处理的行政村比例仅为 9%和 35.9%。河南省作为全国的中等发展省份,其对生活污水、生活垃圾的处理程度也不容乐观,目前河南省绝大多数乡镇及行政村因缺少环保基础设施投资而污染治理处于空白,其大部分生活垃圾直接堆放在田头路旁,甚至直接堆放到沟渠、水塘,其大部分生活污水也因基础设施和管制缺失大多未经处理直接渗入地下或直排沟渠,致使农村饮水型地方病多发。二是城乡特殊三元结构下的环境不公平[①]。由于河南省城镇化发展、产业转移和产业空间布局调整,越来越多的工业企业、工业开发区和工业园入驻乡镇,造成了废水、废气和固体废弃物向乡镇地区集中的趋势,乡镇工业所在地区污染源"内生聚集"和外源性污染并存,进一步加剧了城乡环境发展的不公平。

---

① 有研究显示,我国与发达国家和其他一些发展中国家相比,人居环境最差的不是城市,而是小城镇。小城镇缺乏规划,也缺乏资金。大城市有城市环境投资、土地出让金等,小城镇则什么都没有。甚至国家所有的支农政策都是"绕开小城镇直奔田间"(具体见:http://news.dichan.sina.com.cn/2014/03/14/1053348.html),这更加剧了中国特殊三元结构之上的环境不平等。另外,据全国第一次污染源普查结果显示,2007 年湖南省县级以下地区工业产值占全省的 44.4%,而工业污染源中的废水排放量、COD 排放量、贵金属排放量、SO_2 排放量分别占同年全省的 78%、73.5%、77%和 65%,这从另一个层面上验证了中国特殊三元结构下的环境不平等。

而城乡发展缺乏环境统筹,必然影响到城乡协调发展,从而进一步制约河南省三化协调之路的实现。

第三是针对中小企业发展的环境规制缺乏灵活性和适应性。因大型企业生产规模较大,环境污染易于监控和环境政策调控作用明显,现有的环境规制多关注大型企业,但是中小企业占据企业总数的90%以上,特别是随着市场经济发展和小微企业各种扶持政策出台,其经济影响越来越重要,环境污染问题越来越突出,因此必须重视对中小企业的环境规制,但目前针对中小企业发展的环境规制缺乏灵活性和适应性。主要体现在:一是专门针对中小企业环境规制的政策法规不健全,目前的环境法制法规主要针对大企业环境污染而定。二是环境标准偏低,特别是排污收费标准和环境质量标准方面,没有发挥到市场机制应有的调控作用和行政处罚应有的警示作用。三是环境规制体制与体系缺乏灵活性和适应性使得地方环保部门受到中央和地方双重约束难以开展环境监管工作从而造成"管制失灵"。

第四是社会各群体的环境权益保障有待进一步落实。Ma(2010)研究显示,污染源数量在行业间分布由多到少依次为造纸业、电力、化工、钢铁业、食品加工业、污水处理业、酿酒业、水泥业、制药业、其他能源业、铝业、皮革业、其他产业。这种由于污染源数量所造成行业环境效率差异也造成了环境不公平,其主要体现在两个方面:一是不同行业从业人员获取环境权利的不公平。有些行业尤其是一些高污染行业从业人员因其行业环境效率差和环境补贴缺失,不能享有和其他行业从业人员同等的清洁环境而不得不遭受环境污染对其身体、心理方面的伤害却得不到补偿;二是高污染行业与其他行业、周边居民之间环境责任与义务不对等。一些高能耗高污染产业对环境造成了破坏性活动却未尽到环境恢复的义务,如重金属冶炼厂,由于治污设备缺乏或清洁生产技术欠缺,对环境造成了巨大的破坏,具有很强的环境负外部性,但其并未支付相应经费从而帮助其他行业或周边居民改善受污染环境,从而造成行业与行业、周边居民之间环境责任与义务不对等。

(2)河南省环境规制对产业结构优化升级传导机制的关联性分析

①指标选取

首先是环境规制指标选取。由于环境规制强度一方面依赖国家或地区法律的完善程度,另一方面也依赖于各国或地区产业经济发展状况,具体实施手段包括直接社会规制和经济规制,因此,测度环境规制强度非常困难,难以有统一的标准。目前在衡量环境规制强度时,国内外学者对环境规制水平的量化方法主要有两种,单指标量化法和综合指标量化法,主要采取的方法有:工业污染源治理投资占工业增加值比重(肖兴志(2013))、工业污染源治理投资、"三废"排放量综合指数(夏春婉(2012)、董青(2010)、陈旭建(2010))、环境污染治理投资完成额(李强(2013))等。现有方法多从治理的角度对环境规制进行度量,而环境规制实际执行效果如何却难以量化。国内外诸多研究(如 Sonia Ben Kheder(2008)、江珂(2009))认为 GDP/Energy 互为镜像。综合以上分析,本部分中采取三个指标分别从环境治理和效果两个方面度量环境规制强度:环境治理角度和环境治理效果角度。在环境治理方面,本部分采用治理污染项目本年完成投资合计指标测度环境治理投资,采用排污费收入总额测度环境行政处罚力度。环境治理效果角度。在环境治理效果方面,利用GDP/Energy 互为镜像的关系,采用 GDP/Energy × 100 作为度量环境规制强度的指标。

其次是传导机制指标选取。结合上一部分分析,本部分采用如下指标:(a)需求因素。需求方面主要通过需求总量和需求结构两个方面对产业结构变动产生影响。随着人均收入提高,总需求量也会增加,总需求量促进了产业内规模经济的实现和产业结构的调整,同时,需求结构的升级推动了产业结构升级。在加快推进城镇化进程的背景下,本部分选取城镇居民每年人均可支配收入反映河南省消费需求总量的变动,选取城镇居民的恩格尔系数反映河南省消费需求结构的变动。(b)供给因素。供给因素主要通过资本供给促进产业结构调整。本部分选取两个指标来反映资本供给的变化。一是人力资本从劳动者供给的角度促进了产业结构调整,考虑到数据的可得性,本部分采用每万人拥有在校大学生数量来反映人力资本的变化情况。二是资本供给。和三次产业相对应,本部分三次产业分类法的基本建设投资结构指标反映资本供给情况。具体计算公式为:$x = \sum_{i=1}^{3}(i \times X_i)$ 其中 X_i 是第 i 产业基本建设投资比重,按照三次产业分类法的划分标准。X 值越接近于 1,投资结构越偏重于第一产业基本建设投资,X 值越接近于 3,投资结构越偏重于第三产业基本建设投资。(c)技术进步。环境规制下技术进步对产业结构升级的促进作用毋庸置疑,现有反映技术进步的指标有很多,包括 R&D 投入量、技术进步率、生产效率改进程度、专利授权量等指标,考虑到数据可得性,本部分采用专利授权量(用 X_5 表示)指标反映技术进步程度。(d)国际贸易。从国际贸易角度考察我国产业结构变动的指标有很多,包括对外经济贸易总额、工业产品出口占整个产品出口比重等,本部分用对外贸易总额占 GDP 比重来衡量对外开放程度。(e)FDI。由于 FDI 对产业结构升级具有显著的技术溢出效应和存在可能的"污染避难说"效应,因此,本部分采用外商直接投资中实际利用外资金额指标作为环境规制对产业结构优化升级的其中一个传导机制指标。

再次是产业结构优化指标选取。借鉴徐德云的研究结果,产业结构优化程度用 $CYY = \sum(l_j \times j) = l_1 \times 1 + l_2 \times 2 + l_3 \times 3$ 表示。其中 CYY 表示河南省产业结构优化指数,l_j 表示第 j 产业的增加值与整个 GDP 的比值,CYY(取值范围为[1,3])指标越接近 1,意味着该地区产业结构层次越低;越接近于 3,该地区产业结构层次越高。城镇化水平用城镇人口占总人口比例表示。

②灰关联分析方法的采用

本部分采用反映灰色绝对关联和相对关联加权的灰色综合

关联系数作为分析和评价的结果,以各类传导机制所占比重为参考序列,各类环境规制和产业结构优化升级指标作为比较序列。

③结果分析

(a)以工业污染源治理投资作为参考序列的灰色关联分析。以工业污染源治理投资完成额作为参考序列,计算和其传导机制作为比较序列之间的广义灰色关联度、灰色绝对关联度、灰色相对关联度和灰色综合关联度,具体计算结果如表 6-11 所示。一般选取灰色综合关联度计算结果作为分析对象,从表 6-11 可以看出,以工业污染源治理投资作为环境规制指标和参考序列,和其传导机制指标的灰色综合关联度由大到小依次为城镇单位从业人员平均工资、每万人在校大学生数量、专利批准数量、外商直接投资、城镇居民的恩格尔系数、投资结构和进出口总额占GDP比重。这说明以工业污染源投资作为环境规制指标,与产业结构影响因素中的供求因素、技术进步因素和对外开放因素密切相关。

表 6-12　以工业污染源治理投资作为参考序列的灰色关联计算结果

传导机制	广义灰色关联度	灰色绝对关联度	灰色相对关联度	灰色综合关联度
城镇单位从业人员平均工资(元)	0.9951	0.5515	0.9709	0.7612
城镇居民的恩格尔系数(%)	0.9887	0.5001	0.5216	0.5108
每万人在校大学生数量(个/万人)	0.9952	0.5002	0.9268	0.7135
投资结构	0.9893	0.5	0.5091	0.5045
专利批准数量(个)	0.9908	0.5246	0.8786	0.7016
外商直接投资(亿元)	0.8061	0.7287	0.5144	0.6215
进出口总额占 GDP 比重(%)	0.9893	0.5006	0.5087	0.5044

(b)以排污费收入总额作为参考序列的灰色关联分析。以排污费收入总额作为参考序列,计算和其传导机制作为比较序列

之间的广义灰色关联度、灰色绝对关联度、灰色相对关联度和灰色综合关联度,具体计算结果如表 6-12 所示。选取灰色综合关联度计算结果作为分析对象,从表 6-12 可以看出,以排污费收入总额作为环境规制指标和参考序列,和其传导机制指标的灰色综合关联度由大到小依次为城镇单位从业人员平均工资、每万人在校大学生数量、专利批准量、外商直接投资、城镇居民的恩格尔系数、投资结构和进出口总额占 GDP 比重。灰色关联度大小的排序和以工业污染源治理投资作为参考序列的灰色关联分析结果具有一致性。

表 6-13　以排污费收入总额作为参考序列的灰色关联计算结果

传导机制	广义灰色关联度	灰色绝对关联度	灰色相对关联度	灰色综合关联度
城镇单位从业人员平均工资(元)	0.9975	0.6524	0.8908	0.7716
城镇居民的恩格尔系数(%)	0.9919	0.5002	0.5293	0.5148
每万人在校大学生数量(个/万人)	0.9976	0.5007	0.9311	0.7159
投资结构	0.9924	0.5	0.5123	0.5062
专利批准数量(个)	0.9923	0.5728	0.7787	0.6757
外商直接投资(亿元)	0.8055	0.5773	0.5106	0.5439
进出口总额占 GDP 比重(%)	0.9924	0.5	0.5119	0.5059

　　(c)以环境规制强度作为参考序列的灰色关联分析。以环境规制强度作为参考序列,计算和其传导机制之间的广义灰色关联度、灰色绝对关联度、灰色相对关联度和灰色综合关联度,具体计算结果如表 6-14 所示。选取灰色综合关联度计算结果作为分析对象,从表 6-14 可以看出,以环境规制强度作为环境规制指标和参考序列,和其传导机制指标的灰色综合关联度由大到小依次为城镇居民的恩格尔系数、每万人在校大学生数量、投资结构、进出口总额占 GDP 比重、城镇单位从业人员平均工资、专利批准数量、外商直接投资。

表 6-14　以环境规制强度作为参考序列的灰色关联计算结果

传导机制	广义灰色 关联度	灰色绝对 关联度	灰色相对 关联度	灰色综合 关联度
城镇单位从业人员平均工资(元)	0.9913	0.5006	0.567	0.5338
城镇居民的恩格尔系数(%)	0.9983	0.9953	0.6709	0.8331
每万人在校大学生数量(个/万人)	0.9923	0.6339	0.574	0.6069
投资结构	0.9989	0.5083	0.5718	0.54
专利批准数量(个)	0.987	0.5014	0.5478	0.5246
外商直接投资(亿元)	0.8035	0.5	0.5018	0.5009
进出口总额占 GDP 比重(%)	0.9989	0.5009	0.5692	0.5351

　　(d)以产业结构优化指数作为参考序列的灰色关联分析。为进一步分析产业结构优化与其影响因素之间的关系,以产业结构优化指数作为参考序列,计算和其影响因素作为比较序列之间的广义灰色关联度、灰色绝对关联度、灰色相对关联度和灰色综合关联度,具体计算结果如表 6-14 所示。选取灰色综合关联度计算结果作为分析对象,从表 6-14 可以看出,以产业结构优化指数作为参考序列,和其影响因素指标的灰色综合关联度由大到小依次为投资结构、进出口总额占 GDP 比重、城镇居民的恩格尔系数、每万人在校大学生数量、城镇单位从业人员平均工资、专利批准数量、外商直接投资。这说明相对于需求增长因素和技术进步因素而言,投资供给因素、经济开放度和消费结构因素对产业结构优化影响更大。

表 6-15　以产业结构优化指数作为参考序列的灰色关联计算结果

传导机制	广义灰色 关联度	灰色绝对 关联度	灰色相对 关联度	灰色综合 关联度
城镇单位从业人员平均工资(元)	0.9902	0.5	0.5076	0.5038
城镇居民的恩格尔系数(%)	0.9995	0.5057	0.666	0.5858
每万人在校大学生数量(个/万人)	0.9912	0.5016	0.5084	0.505

传导机制	广义灰色关联度	灰色绝对关联度	灰色相对关联度	灰色综合关联度
投资结构	0.9999	0.8397	0.8953	0.8675
专利批准数量(个)	0.9859	0.5	0.5054	0.5027
外商直接投资(亿元)	0.803	0.5	0.5002	0.5001
进出口总额占 GDP 比重(%)	0.9996	0.5797	0.9098	0.7447

综合以上灰色关联分析可知,以工业污染源治理投资完成额、排污费收入总额、治理效果作为环境规制指标、以城镇单位从业人员平均工资、城镇居民的恩格尔系数、每万人在校大学生数量、投资结构、专利批准量、外商直接投资、进出口总额 GDP 比重等分别作为供求因素、技术进步和对外开放的代表性指标,并作为环境规制对产业结构优化传导机制和影响途径的代表性指标,其参考序列和比较序列之间的灰色关联分析结果表明,环境规制指标和传导机制指标之间、产业结构优化指数和其影响因素之间密切相关,环境规制指标和其传导机制的关联度大小取决于具体的环境规制类型,而环境规制对产业结构优化指数的具体影响效果有待进一步分析。

(3)河南省环境规制对产业结构优化升级效应检验

在上一部分上,为了进一步验证环境规制对产业结构优化升级的效应,按照上一节选取的指标,我们构建模型如下:$\log cyy = c_0 + c_1 \log er_i + c_2 (\log er_i)^2$,模型中 cyy 代表产业结构优化指数,$er_i$ 表示不同的环境规制形式,其中,er_1 表示工业污染源治理投资完成额,er_2 表示排污费收入总额,er_3 表示环境规制强度,所有变量均采用对数形式,这是因为取对数后不但容易消除异方差,而且参数估计出来 c_1 能反映环境规制强度和产业结构优化弹性。经过模型检验,得出结论如下:

①工业污染源治理投资完成额和产业结构优化指数的关系如下:$\log cyy = 0.354 + 0.033 \log(er_1)$,$R^2 = 0.69$,由此可知,工业污

染源治理投资完成额增加 1％,产业结构优化指数可提高 0.033％。

②排污费收入总额和产业结构优化指数的关系如下:$\log cyy = 0.362 + 0.036 \log(er_2)$,$R^2 = 0.86$,由此可知,排污费收入总额增加 1％,产业结构优化指数可提高 0.036％。

③环境规制强度和产业结构优化指数的关系如下:$\log cyy = 0.365 + 0.108 \log(er_3)$,$R^2 = 0.78$,由此可知,环境规制强度提高 1％,产业结构优化指数提高 0.108％。

因此,通过本部分分析可知,环境规制对产业结构优化升级确实存在促进效应,直接促进效果如何取决于环境规制的形式,间接促进效果取决于环境规制对产业结构优化升级的传导途径。

第7章 资源环境约束下河南省产业结构优化升级影响因素与路径研究——以制造业为例

按照"百度百科"的解释,产业结构优化是指通过产业调整,使各产业实现协调发展,并满足社会不断增长的需求的过程中合理化和高度化。它遵循产业结构演化规律,通过技术进步,使产业结构整体素质和整体向更高层不断演进的趋势和过程。一般理解的产业结构优化主要指的是一、二、三产业结构的变动,经济从农业化趋向于工业化,继而趋向于经济社会服务化的过程。实际上,产业结构优化也包括同一产业内部结构的优化,如第一内部农林牧副渔结构的变化,第二产业内部工业结构变化等。目前的中国经济结构主要体现为"二、三、一"结构,且工业的"三废"排放对环境污染造成的影响最为突出。作为我国中部地区的制造业大省,河南省制造业中的优势产业多是依赖于当地丰富的自然资源和劳动力等具有比较优势的资源禀赋而发展起来的,但同时也体现出了很多问题,如对资源和能源消耗的依赖程度过高,环境污染问题比较突出等,实现制造业的转型升级,对于破解资源消耗环境难题至关重要。因此,本章以制造业为例,研究河南省产业结构优化升级的影响因素与路径问题。

7.1 河南省产业结构优化升级的影响因素研究——以制造业为例

7.1.1 河南省制造业发展的现状与问题研究

(1)河南省制造业的现状

近几年,随着经济结构的不断调整和政府相应政策的支持,河南省制造业得到快速发展,主要表现在以下几个方面。

①发展规模

制造业的发展规模是通过它的规模增长表现出来的,本书选取河南省地区总产值、制造业总产值、增加值、就业和出口等指标对制造业发展规模进行分析,从而对河南省制造业有一个总体把握。

从图7-1可看到,2005年河南省地区总产值10587.42亿元,增加值为3843.54亿元,制造业增加值占GDP的比重是36.3%;到2014年,河南省地区生产总值34938.24亿元,其中制造业增加值达到15809.09亿元,占GDP比重达到45.25%,可以看出,2005年到2014年,河南省制造业的增加值增长了4.11倍。

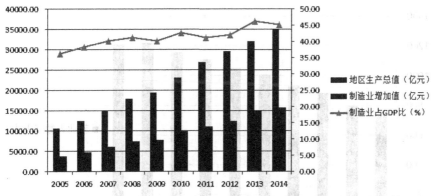

图7-1 2005—2014年河南省地区生产总值与制造业增加值比较

由表7-1可以看出,2005年到2014年河南省规模以上制造业总产值和规模以上制造业增加值的增速有升有降,尤其是2009

年,由于受 2008 年全球金融危机的冲击,增速下降较大,但是从生产总值看,其生产总值仍然比 2005 年翻了一番,之后几年,伴随着全球经济形势逐渐好转,制造业增速得到提升,达到 27.52%,到 2014 年,增速虽放缓,但从全国范围看,河南省制造业的发展仍然是迅速的。

表 7-1　2005—2014 年河南省制造业总值与增加值增长率

年份	规模以上制造业工业总值		规模以上制造业工业增加值	
	制造业工业总产值（亿元）	增速（%）	制造业工业增加值（亿元）	增速（%）
2005	4896.01		3200.23	
2006	6031.21	23.19	4150.6	29.70
2007	7508.33	24.49	5438.06	31.02
2008	9328.15	24.24	7305.39	34.34
2009	9900.27	6.13	7764.45	6.28
2010	11950.88	20.71	9901.52	27.52
2011	13949.32	16.72	11882.55	19.99
2012	15017.56	7.66	12654.83	6.50
2013	15960.6	6.28	13986.51	10.52
2014	17816.56	11.63	14981.09	7.11

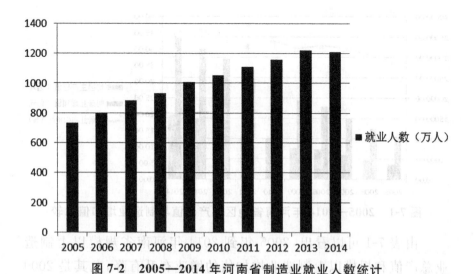

图 7-2　2005—2014 年河南省制造业就业人数统计

如图 7-2 所示,从制造业就业规模来看,由于产业结构调整等原因,2005 年到 2013 年河南省制造业就业人数呈不断上升的趋势,虽然 2014 年较 2013 年就业人数有所下降,但相对于 2005 年来说,2014 年制造业就业人数是 2005 年的 1.65 倍,可见从整体来看,河南省制造业就业人数是呈上升趋势发展的。

②产业结构

从产业结构来看,如表 7-2 所示。2014 年河南省高成长性产业占规模以上制造业比重达到 45%,相比 2013 年增加了 2.7 个百分点,比传统支柱产业高出近 13 个百分点,而其中发展最迅速的电子信息产业、汽车及零部件产业的比重占到制造业的 54.2%,可见河南省制造业产业结构在不断优化发展。

表 7-2　2014 年河南省规模以上高成长性制造业主要指标

行业	单位数(个)	增加值占制造业比重(%)	增加值指数(上年=100)
高成长性制造业	10024	45.0	113.8
电子信息产业	262	3.7	129.7
装备制造业	3652	15.1	115.7
汽车及零部件产业	592	3.5	116.0
食品行业	3219	15.7	108.9
现代家居产业	1291	3.8	109.2

③创新能力

制造业发展,不仅是量上的发展,还要是质上的发展,其技术水平也应该是在不断提升的。从古至今,一个国家只有成为世界科技中心,才能成为一个真正的世界强国,而对一个地区来说也是如此。制造业的技术水平可以通过科技创新能力来衡量,具体可以从 R&D 投入、科技从业人员和专利产出数量等指标来分析。

首先,R&D 投入方面,根据《河南省统计年鉴》(2014)的统计,从中部六省(河南、山西、湖北、安徽、湖南、江西)来说,2014 年河南省 R&D 人员数量为 134256 人,比排名最后的江西高 3.75 倍;从 R&D 经费总量来看,2014 年河南中等规模以上制造业研发经费总量为3372310万元,排在湖北之后,为中部六省的第二名。

其次是科技人员数量。如图7-3所示,可见从2010年到2014年五年间,河南省科技人员数量是在不断增加的,2014年科技人员数量达到34.37万人,是2010年的2.05倍。

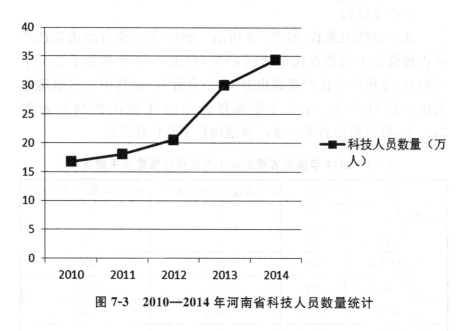

图7-3　2010—2014年河南省科技人员数量统计

最后从制造业专利申请数量来看,据《河南日报》数据显示,2015年,河南省的专利申请第一次超过了7万件,同比增长19.1%;专利的授权也第一次超过了4万件,同比增长43.2%,增幅都高于全国平均水平。可见河南省近几年科技创新能力一直处于不断提升的过程。

(2)河南省制造业发展中出现的问题

随着经济结构的不断调整,河南省制造业得到迅速发展,产业竞争力稳步向前,但在当今全球经济进入新常态的背景下,由于经济发展的方式和结构的转变,河南省抓住机遇大力发展工业,逐渐从农业大省转型成为工业大省,其制造业的规模不断扩大,渐渐发展成为河南省经济结构的重要部分,但随之而来,其发展过程中存在的问题也越来越凸显,制约着其持续发展和扩大。

①重型工业比重过大及过度依赖资源能源的消耗

2014 年,河南省制造业占 GDP 的比重达到 45.25%,高于全国水平 9.39 个百分点。但从表 7-3 可以看出,因受资源禀赋的影响和制约,河南省制造业重型工业比重过大,其规模以上制造业工业增加值中,排名前五位的分别为非金属矿物制品业、农副食品加工业、通用设备制造业、化学原料及化工产品制造业、专业设备加工业。其中除了农副食品加工业,都属于能源、原材料和行业装备的重型制造业,资源和能源的消耗都比较大,这对河南省当前要求建立结构创新型和资源节约型产业结构经济发展道路造成了阻碍,也制约着河南省传统优势制造业的转型升级。

表 7-3　2014 年河南省规模以上先进制造业工业企业增加值数比较

行业	单位数(个)	增加值指数(%)
煤炭开采和洗选业	308	107.2
石油和天然气开采业	3	96.9
黑色金属矿采选业	122	112.9
优势金属矿采选业	324	110.8
非金属矿采选业	282	98.5
开采辅助活动	4	90.0
农副产品加工业	2035	108.6
食品制造业	827	112.2
酒、饮料和精制茶制造业	495	112.3
烟草行业	18	100.2
纺织业	937	106.7
家具制造业	307	117.7
化学燃料及化学制品业	1300	116.5
医药制造业	450	117.0
非金属矿物制品业	3631	111.7
有色金属冶炼及压延加工业	520	114.8

行业	单位数(个)	增加值指数(%)
黑色金属冶炼及压延加工业	614	108.6
金属制品业	888	119.2
通用设备制造业	1156	113.0
专业设备制造业	1229	116.7
汽车制造业	670	116.0

②经济外向度低及承接发达地区制造业梯度转移能力弱

受传统农区的自然社会特征约束,河南省制造业只靠自身的内部条件是很难发展的,还需要有外部市场的支持,才能不断地发展,改变其相对封闭的要素结构体系,因而经济外向度的高低和河南省制造业的发展水平密切相关。

如表7-4所示的是2013年河南省出口值居于前10位的商品的出口金额以及其占出口总额的比重。由表7-4可见在这10个商品中,只有干香菇不是制造业的范畴,其占比为0.97%。而占比前10位的商品中,属于制造业范畴的商品占比高达63.49%。其中劳动密集型制造业占比最大,仅手持(包括车载)式无线电话机一项就占到53.87%的比重。

表7-4 河南省出口值居前10位的商品的出口金额及占出口总额的比重

位次	出口位居前10位的商品	金额(万美元)	占出口总额比重(%)
1	手持(包括车载)式无线电话机	1968824	53.87
2	人发制假发、胡须、眉毛、睫毛及其他人发制品	90545	2.51
3	其他材料制假、假胡须、假眉毛、假睫毛等	57419	1.60
4	客车或货运机动车辆用新的充气橡胶轮胎	50127	1.40
5	手持无线电话机的零件(天线除外)	40250	1.12
6	柴油机客车,座位≥30座	35038	0.97
7	干香菇	34960	0.97

续表

位次	出口位居前10位的商品	金额（万美元）	占出口总额比重（%）
8	与电视接收机配套使用的视频游戏控制器及设备，但子目号9504.30的货品除外	26606	0.74
9	家具的零件	25382	0.71
10	其他铝合金矩形板、片，0.35mm<厚≤4m	20372	0.57

制造业发展水平的高低直接决定进出口总额的大小。河南省由于地理位置和环境等因素，目前河南省内的经济外向程度还不高。以进出口为例，河南省自2000年以来进出口总额占全国的比重一直不稳定，直到2010年，由于富士康布局郑州的规划落成，之后经过几年的发展和积累，河南省的进出口总额才超越湖北，成为中部六省首位。但是从全国范围看，2015年中部六省的进出口总额占全国的比例仅为5.8%，而同期广州一个省就占到了25.5%，可见与发达地区相比，河南省的经济外向度仍旧不高，影响着其制造业的发展，导致其制造业承接沿海劳动密集型制造业的产业基础薄弱。

③制造业发展水平处于价值链低端

贸易结构在一定程度上可以反映产业结构。加工贸易份额的大小，能大致反映出该区域价值链的分布以及产业发展状况。加工贸易所占的份额大，说明该地区的贸易总额中来料加工或者进料加工或者两者的总和较大，反映出该地区的产业大部分处于价值链的加工制造环节，地位较低。

如图7-4所示，2005年到2014年河南省一般贸易和加工贸易的进出口总额变化趋势，可以看出河南省的加工贸易总额相较于一般贸易总额来说高出许多，也就是说河南省的加工贸易在其贸易总额中占有很大的比重。说明河南省制造业有很大部分是加工制造，根据"微笑曲线"理论可知，河南省制造业还处在价值链的低端，产品的附加值低。

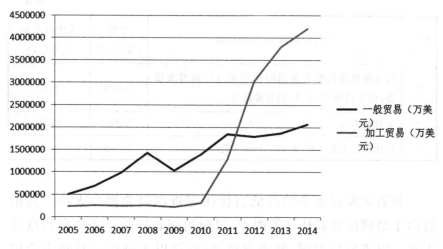

图 7-4　2005—2014 年河南省一般贸易与加工贸易进出口总额

④高新技术产业发展不足及生产性服务业相对滞后

近几年,虽然河南省制造业的创新能力有所提升,但从技术层面看,其优势产业主要还是集中在劳动力密集型产业,大部分都是技术层次较低的传统产业或者资源型产业,在高新技术及新兴产业方面,例如通讯设备、电子设备、制药、仪器仪表等产业虽然有所发展,但竞争力还是较低。这显示其高新技术产业仍然处在发展当中,拥有高附加值的产业发展依旧滞后,还无法形成产业规模,产业的带动力弱,还无法发挥在制造业的增长中的先导作用。

由于单纯的制造过程是很难生产出高附加值的产品的,只有在生产过程中融合更多的服务才能获得竞争优势,因此当今经济发展的重要趋势是制造业和生产性服务业的融合发展。目前,知识密集型服务业的利润呈递增趋势。但河南第三产业中,传统服务业如商贸、住宿和交通等产业的比重较大,反而代表现代生产性服务业的金融保险、信息传输、科研、计算机服务和软件业等行业的发展滞后。制造业生产性服务投入不足,没能形成生产性服务业与制造业协同发展的良性机制,是目前河南制造业“大而不强”的一个重要因素。

7.1.2　河南省制造业转型升级的影响因素分析

作为河南省经济的重要组成部分,制造业的发展受到社会、经济、科技、生态和交通运输状况的影响。

(1)社会和经济因素

①社会因素

从基础设施配套能力上看,主要是从制造业规模扩张与城镇化发展滞后的矛盾方面来说明。由于自身优势条件和传统经济发展方式,河南省经济的增长一直以来过多地依赖于物资资本的投资,往往是以资本、机器设备和技术为重点,优先发展工业和制造业。如今,随着居民消费结构的升级和一些劳动密集型产业逐渐从沿海地区向中西部地区转移,尤其是在全球经济快速发展的今天,河南制造业将会出现新一轮快速增长,并且这种增长势头将持续相当长一段时期,制造业部门依然会是河南省 GDP 增长的主要支撑力量。

然而河南省城镇化发展水平却不像其制造业那样迅速,甚至可以说是滞后的。2015 年,河南省的城镇化率是 46.6%,低于全国平均水平近 9.5 个百分点。现在河南省虽然拥有众多的城市,但是从城市规模来看,占比比较多的是中等城市,缺少在全国范围内具有较强的竞争力和影响力的特大型城市,降低了对周围地区要素的聚集力、带动力和辐射力。在城镇化率较低而且城市基础设施建设投资相对不足的情况下,传统的产业产能及基本服务业缺乏与之相对应的巨大需求,必然会导致产能过剩现象。而落后的产能和高耗能产业的较高占比,不仅制约着其制造业的转型升级,同时也降低了经济增长的质量和效益。

其次,从人力资源上来说,与大多数发展中国家或地区一样,丰富的劳动力与土地资源一直是河南省制造业的优势条件,在资本和技术方面相对来说比较稀缺,但是在制造业的发展中,资本和技术的附加值是远远高于劳动力的,所以这也注定了凭借劳动力资源发展劳动密集型产业的河南省的制造业所获得的价值不高。劳动力资源优越但劳动力素质普遍较低的人力资源结构制约着河南省制造业的转型升级。

②经济因素

从目前来说,河南省制造业的产业层次不高,结构不合理,重型工业的比重过大,高新技术产业发展不足;而且由于受地理位置等的制约,河南省的经济外向度不高,承接发达地区制造业梯度转移的能力较弱。2014 年,河南省实际利用外资金额为1492688 万美元,虽然比起 2011 年的 1008209 万美元增加了1.48 倍,但比起全国的 3993872 万美元来说还是很低,这说明河南省的经济外向度和承接产业转移的能力还比较薄弱,制约着其制造业的转型升级。

(2)资源环境和科技因素

①资源环境因素

当前我国正处于加速工业化和经济重型化的进程中,能源需求快速增长是不可避免的。对于河南省来说,因其自身资源优势和一直以来依靠发展重工业的经济结构,对资源的消耗总量非常大,2014 年其资源消耗总量占到全国的 5.37%,虽然与自身相比有所下降,但仍然居中部六省首位,并且单位 GDP 能耗也较高。在消费的能源总量中,煤炭消费占比接近 80%,表明河南省低能源效益产业比重大,产业结构能源效益差,这是污染排放量常年居高不下的原因。如今由于资源储存、采集量的不断下降以及开采成本的逐渐上升,河南省长期具有比较优势的资源能源优势会进一步减弱。在资源和环境约束力不断增强的当下,制造业的发展与资源环境的矛盾越来越突出,要想获得制造业和经济的可持续发展,单单依靠物质资源投资的低端制造业是不行的。

②科技因素

在经济信息化的今天,科技的发展是通过形成创新能力来提升产业的竞争力,从而促进产业的转型升级。2014 年,河南省R&D 经费支出总额为 409 亿元,与 2010 年相比,R&D 经费的投入增加了近两倍,但与 2014 年全国 R&D 经费支出总额 13015.6

亿元相比还是很低,说明河南省的科技发展相对来说还比较落后,缺乏好的创新环境和有力的创新能力。

(3)交通运输因素

现代交通的可达性和便利性是影响城市关系与产业关联的重要因素之一。河南省拥有公路、铁路、航空、管道等相结合的交通运输体系,交通运输业发达。公路网和铁路网四通八达,"米"字形的快速铁路网计划于2016年年底建成,高速公路已基本形成了"以郑州为中心"的1个半小时的中原城市群经济圈,在3个小时内可到达全省任何一个省辖市,6小时内可到达周边6个省的任一省会城市。2013年底,河南省郑州市的地铁一号线正式运行,这标志着河南省的轨道交通时代到来,这不仅提高了生活节奏,而且随着轨道交通的开通,将会在站点附近形成强大的集聚能量,促进河南省的产业集聚和城镇化进程,从而促进河南省制造业的转型升级。

7.2　河南省产业结构优化的路径选择——以制造业与生产性服务业产业融合为例

随着经济的发展,服务业在国民经济中的地位和比重不断提升,特别是生产性服务业的发展尤为迅速,生产性服务业一般定义为给不同的产业特别是制造业提供中间需求的行业,它的作用主要是提升制造业产出价值、提高各生产阶段的效率,进而增强制造业竞争力。20世纪中叶,发达国家相继完成了工业化进程,并对产业结构进行优化,加大力度发展服务业,服务业逐渐加大在三次产业中的比重,成为支柱产业。到了20世纪80年代后,在信息技术的推动下,工业经济向服务经济转变加快,商务服务业、交通运输业、科学及研究服务业等生产性服务业的发展异常迅速,发达国家生产性服务业增长速度在经济发展中始终处于领先地位,呈现出典型的"双70%"经济结构,即服务业的总产值占国民生产总值的 70％，同时生产性服务业的总产值占服务业生产总值的 70％。生产性服务业在发达国家有举足轻重的地位，是经济的重要增长点。

制造业是生产性服务业的主要需求者，是一个国家经济中的重要基础，先进的现代制造业更是可以作为国家综合竞争力的重要标志。生产性服务业是在制造业不断深化的分工基础上，由产业链的不断延伸产生的，目前，服务业作为中间投入品，其中间需求量不断增加，制造业和生产性服务业的关系更加紧密，已经呈现"去边界化"的趋势，两者的这种发展趋势，会促进生产性服务业和制造业共同进步，并不断带动经济发展。

我国已经开始了"十三五"的规划与建设工作，宏观经济下调，产业结构升级，推动全面深化改革，加快转变经济发展方式，人口红利逐渐削弱，我们正面临着经济"新常态"。在这样一个特别的经济发展时期，如何做到稳增长、促发展，是河南省亟待解决的问题，河南省一定要抓住机遇，加大力度促进生产性服务业和制造业融合发展，从而实现中部大省的崛起。2014 年河南省GDP 增加值为 34938.24 亿元，增速为 8.9％，经济总量在全国继续保持第五的位置。其中以制造业为主的工业占到 GDP 的45.52％，高于全国 35.82％的平均水平，河南省利用其丰富的自然资源、优越的区位条件等优势，协助制造业快速发展，使其在国民经济中占到很大的比重。但是河南省缺乏高端制造业，企业缺乏创新能力，这些都是河南省在应对经济"新常态"时面临的挑战。同时，2014 年河南省服务业生产总值为 12961.67 亿元，占GDP 的 37.09％，对全省经济增长的贡献率为 32.3％，2015 年 7月河南省政府发布了《关于推动生产性服务业加快发展的实施意见》，要求力争在 2015—2020 年，全省的生产性服务业得到更大发展，增加值增速要超越河南省生产总值的增速和全国服务业的增加值增速，基本形成与信息化、城镇化、新型工业化等进程相适应的服务体系，要重点发展现代物流、研发设计、信息技术等生产性服务业。由此可以看出，服务业未来在河南省经济发展中的重要地位。

河南省能否利用好资源、区位、交通等优势,在新的形势下实现经济持续健康发展,生产性服务业和制造业的融合发展是一个关键点。但是目前河南省工业化程度仍不均衡、层次较低,生产性服务业在结构和水平上与发达地区还有很大差距。因此,本部分从河南省制造业和生产性服务业融合角度入手,探讨制造业的转型升级问题。

7.2.1　河南省生产性服务业发展现状

(1)河南省生产性服务业总体发展现状

随着河南省近年的快速发展,工业化和信息化取得长足进步,由此对服务业的需求也随之提高,因此河南省服务业的总产值逐年提升,如表 7-5 所示,我们可以看出,河南省服务业的总产值占国民生产总值的比重仍然较低,和全国水平依然有很大差距,因此河南省服务业的发展还有很大不足,但增速近十年一直保持在 10% 左右的水平,占 GDP 的比重每年也有一到两个百分点的提升,所以河南省的服务业依然是在稳步发展的。从 GDP 排名前五位的省份来看,河南省第三产业所占的比重仍然最低,比排名第一的广东低了 11.9 个百分点(见表 7-5),与其他省份也有不小差距。所以可以总结得出,河南省制造业在快速发展的同时,却忽略了服务业的同步跟进,服务业一旦落后,特别是生产性服务业的滞后,对制造业又产生很大的负面影响。

表 7-5　2005—2014 年河南省服务业与全国服务业的比较

年份	河南省			全国		
	服务业总产值(亿元)	增速(%)	占 GDP 比重(%)	服务业总产值(亿元)	增速(%)	占 GDP 比重(%)
2005	3258.25	12.8	30.8	76964.9	12.3	41.4
2006	3837.95	12.8	31	91180.1	14.1	41.9
2007	4691.63	14.1	31.3	115090.9	16.1	42.9

年份	河南省			全国		
	服务业总产值(亿元)	增速(%)	占GDP比重(%)	服务业总产值(亿元)	增速(%)	占GDP比重(%)
2008	5345.67	10.6	29.7	135906.9	10.5	42.9
2009	6045.84	11.1	31	153625.1	9.5	44.4
2010	7077.14	11.4	30.6	180743.4	9.7	44.2
2011	8653.5	13.4	32.1	214579.9	9.5	44.3
2012	10008.52	10.1	33.8	243030	8	45.5
2013	11475.7	9.9	35.7	275887	8.3	46.9
2014	12961.67	9.6	37.1	306038.2	7.8	48.1

近年来,河南省制造业发展发展势头迅猛,与此相对应生产性服务业发展壮大也必不可少。由图7-5可以看出,2005年以来,河南省生产性服务业一直保持良好的发展,线性上升的趋势十分明显。截止到2014年,生产性服务业总产值为6687.43亿元,比十年之前增长了74.11%。2005~2014年,在GDP中所占比重从16.35%增加到19.14%,提升了2.79%。虽然有所提升,但幅度不大,说明生产性服务业在河南省整体经济中的比重还有所欠缺。从产业划分来看,在第三产业中,生产性服务业占据很大比重,十年间基本维持在50%以上的水平。这就表明对第三产业来说,生产性服务业相当重要,并且河南省生产性服务业仍然有很大的潜力,未来河南省可以继续加大力度推动生产性服务业进步。

(2)河南省生产性服务业内部发展现状

2014年,河南省生产性服务业占整个第三产业比重为51.59%,其生产总值达6687.43亿元,占当年GDP比重为19.14%,河南省生产性服务业的发展还很滞后。2014年,生产性服务业分行业占服务业总产值分别为:批发与零售业17.58%,交通运输及仓储邮政业为 12.93%,金融业 11.64%,租赁和商务服务业 3.53%,信息传输与计算机服务和软件业 3.5%,科学研究和技术服务业 2.4%。根据图 7-6 我们可以发现,生产性服务业中,批发与零售业的发展是最快的,其增长速度和产值都远远大于其他行业,在 2014 年的增加值达到了 2278.45 亿元,几乎占到生产性服务业总产值的三分之一,其次是交通运输及仓储邮政业和金融业,二者在 2014 年的增加值分别为 1676.46 亿元和 1509.2 亿元。从内部整体结构来分析,生产性服务业的内部结构还不平衡。其中批发零售业、交通运输及仓储邮政业和金融业三个产业的发展势头良好,对整个行业贡献率较高,但是另外三个部门无论从产值还是上升趋势都比较缓慢。在河南省信息化和新型工业化的大趋势下,不够先进的生产性服务业很难帮助制造业向更高端发展,所以河南省要加快先进生产性服务业的发展,为制造业和其他行业发展带来更多活力。

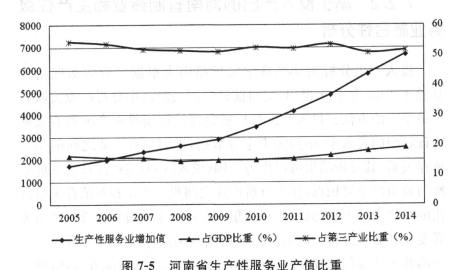

图 7-5　河南省生产性服务业产值比重

注:资料来源于《河南省统计年鉴》(2006—2015)并整理得出。

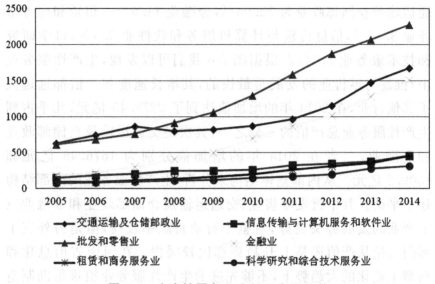

图 7-6　生产性服务业分行业发展趋势

7.2.2　基于投入产出的河南省制造业和生产性服务业融合性分析

投入产出分析法是经济学家里昂惕夫根据一般均衡理论为基础于 1936 年首次提出,是目前针对国民经济中分析产业关联方面最重要的方法。投入产出分析就是通过运用投入产出表的数据来计算中间投入率、中间需求率等数据,进而分析产业之间的相互依存关系,其分析结果可以作为一国(或地区)制定经济社会发展战略与政策的重要依据,作为分析产业之间投入产出相互依存关系常用的经济数量方法,其核心功能集中在产业生产过程中投入产出关联变化和影响分析。它被广泛地应用到国民经济结构分析与经济预测和一些专门的社会问题(包括环境污染、收入分配等问题)中。

本部分研究数据来源于《河南省投入产出表 2012》和《北京市投入产出表 2012》,部分数据经过整理计算所得。之所以选择北京市与河南省进行对比,主要原因在于,河南省属于欠发达地区,北京是国内发达地区的一个典型代表,并且由于本人数据来源有限,只获取了河南省与北京市的投入产出表,也是最新的数据,后文中北京市用某发达地区指代。投入产出表将三大产业划分为42个部门,本书中将制造业定义为工业除去采矿业还有电力、燃气及水的生产及供应业后余下的部门,同时将生产性服务业分为七个部门:批发和零售、交通运输、仓储和邮政、租赁和商务服务、信息传输、软件和信息技术服务、金融、科学研究和技术服务、金属制品、机械和设备修理服务。

(1)河南省生产性服务业的中间需求分析

完整的国民经济价值型投入产出表主要包括中间使用(中间投入)(第Ⅰ象限)、最终使用(第Ⅱ象限)、毛附加值(第Ⅲ象限)部分。中间需求率指标反映了产业总产出被作为生产资料(中间使用)的比例,某一服务业的中间需求率越高,表明该产业所提供的生产资料越多。

中间需求率的计算公式为:$H_i = \dfrac{\sum_{j-1}^{n} X_{ij}}{\sum_{j-1}^{n} X_j + Y_i}$。其中,$X_{ij}$表示投入产出表中第Ⅰ象限第$i$行第$j$列,表示$j$产业产品在生产过程中对$i$产业产品的消耗量,$Y_i$表示投入产出表中第Ⅱ象限中第$i$产业用作最终需求的部分。

为了系统研究河南省生产性服务业的需求及其变动情况,我们根据2002年、2007年、2012年河南省国民经济投入产出表,按照生产性服务业的上述分类对3年投入产出基本流量数据进行归类汇总并计算,得出河南省各年度服务业的中间需求率。

表7-6 河南省服务业各行业中间需求率(%)

服务业分类		2012年		2007年		2002年	
		河南省	排序	河南省	排序	河南省	排序
生产性服务业	金属制品、机械和设备修理服务	174.56%	2	—	—	—	—
	交通运输、仓储和邮政	83.09%	4	92.53%	2	69.87%	2
	信息传输、软件和信息技术服务	55.90%	8	31.34%	9	48.00%	5
	金融	65.34%	7	80.07%	3	42.85%	6
	租赁和商务服务	73.79%	5	45.94%	8	64.57%	4
	批发和零售	186.41%	1	99.21%	1	79.85%	1
	科学研究和技术服务	34.31%	10	72.92%	5	2.27%	13

服务业分类		2012 年		2007 年		2002 年	
		河南省	排序	河南省	排序	河南省	排序
其他服务业	住宿和餐饮	65.89％	6	76.14％	4	65.86％	3
	房地产	24.77％	11	15.50％	13	18.54％	8
	旅游业	—	—	—	—	8.09％	9
	居民服务和其他服务业	37.80％	9	54.66％	7	37.78％*	7
	水利、环境和公共设施管理	24.09％	12	16.21％	12	—	—
	教育	17.09％	13	17.60％	11	2.57％	11
	卫生和社会工作	0.12％	15	25.14％	10	5.1％*	14
	文化、体育和娱乐	98.69％	3	60.19％	6	2.57％	11
	公共管理、社会保障和社会组织	3.74％	14	7.45％	14	6.25％*	10

注：数据来源于《河南省投入产出表》(2002 年、2007 年、2012 年)。依据《河南省投入产出表》，各年国民经济行业分类略有不同，表中第 1 列的服务业依据 2007 年、2012 年投入产出表进行分类；标 * 表示为对应年份相近行业的中间需求率数据。即以 2002 年的"其他社会服务业"代指"居民服务和其他服务业""卫生、社会保障和社会福利业"代指"卫生和社会工作""公共管理和社会组织"代指"公共管理、社会保障和社会组织"。

由表 7-6 可以看出，从 2002 年到 2012 年，河南省服务业无论是从行业分类、整体结构和服务业态都发生了很大的改变和提升，但也存在一些问题。主要体现在：第一，服务业的分类越来越细。2012 年的投入产出表中首次把金属制品、机械和设备修理服务作为服务业单独统计。第二，传统服务业需求比重大。从表 7-6 可以看出，河南省生产性服务业需求仍以传统服务业为主，且发展滞后。2012 年全省批发和零售、金属制品、机械和设备修理服务排序居于全省生产性服务业的第一、二位，中间需求率均大于 1，说明该产业的中间需求大于总需求，最终需求为负值，其缺口只能由外地调入或进口才能补足。2007 年和 2002 年，排在前两位的分别是批发和零售，交通运输、邮政和仓储，传统服务业中间需求率较大，地位突出。第三，现代信息技术服务业需求不足。从 2002 年、2007 年和 2012 年的数据看，信息传输、软件和信息技术服务、租赁和商务服务、科学研究和技术服务的中间需求率长期相对偏低,特别是 2012 年的科学研究和技术服务的中间需求率仅为 34.31%,这说明河南省各产业对带有知识和技术服务特征的现代服务业需求不足,企业服务外包发展滞后,没有转化为对现代信息技术服务业的现实有效需求。

(2)河南省制造业对生产性服务业的需求分析

生产性服务业的中间投入性特征决定了其需求来源于国民经济各产业,不同需求和产业结构会对生产性服务业发展和其内部结构造成不同的影响。由于农业对生产性服务业的需求较少(3%~5%),一般把生产性服务业的需求来源分为制造业和服务业。借鉴肖文、樊文静(2011),我们把对生产性服务业的需求部门分为六大部门:农业、采矿业、制造业、电力、燃气等及建筑业、生产性服务业和其他服务业,并把生产性服务业分为 7 个部门,按照 2012 年 42 个部门投入产出流量数据进行归类合并,就得到 12 个部门的投入产出基本流量表,通过计算得出河南省国民经济不同行业对生产性服务业中间需求占其中间需求总流量的比重(见表 7-7)。

由表 7-7 可以看出,河南省国民经济各行业对生产性服务业的需求具有以下特点。

第一,制造业对生产性服务业的中间需求量最大,但层次较低,潜在需求拓展空间很大。总的来看,制造业是河南省生产性服务业中间需求量最大的部门,占总中间需求总量的 56.03%,农业、其他服务业和采矿业相对较低。从生产服务业的细分来看,制造业对生产性服务业的中间需求比重依次为批发和零售(73.19%)、交通运输、仓储和邮政(50.97%)、租赁和商务服务(32.00%)、信息传输、软件和信息技术服务(30.49%)、金融(30.33%)、科学研究和技术服务、金属制品、机械和设备修理服务(23.89%),需求量较大,但需求层次以传统服务业为主,对租赁和商务服务、信息传输、软件和信息技术服务、科学研究和技术服务等高端生产性服务业的有效需求不足。

表 7-7　2012 年河南省各行业对生产性服务业的中间需求量占比

需求部门 供给部门	农业	采矿业	制造业	电力、燃气等及建筑	生产性服务业	其他服务业	中间需求率合计
金属制品、机械和设备修理服务	0.37%	2.64%	23.89%	10.56%	40.06%	22.85%	100.00%
批发和零售	3.66%	6.37%	73.19%	10.76%	3.14%	2.89%	100.00%
交通运输、仓储和邮政	1.89%	5.83%	50.97%	10.06%	25.73%	5.53%	100.00%
信息传输、软件和信息技术服务	0.20%	3.17%	30.49%	16.48%	37.65%	12.00%	100.00%
金融	0.02%	6.05%	30.33%	16.75%	38.37%	8.48%	100.00%
租赁和商务服务	0.00%	5.67%	32.00%	10.33%	37.89%	14.11%	100.00%
科学研究和技术服务	3.54%	11.65%	26.58%	49.78%	7.90%	0.55%	100.00%
生产性服务业	2.15%	7.37%	56.03%	12.80%	16.70%	4.95%	100.00%

为更清楚地说明这个问题,拟以我国某发达地区(本书以 X 市代表)2012 年投入产出表制造业的中间投入作为比较对象,按照和河南省同样的方法绘制 12 个部门的投入产出基本流量表并计算 2012 年河南省、X 市各部门投入占制造业中间投入总量比重结果(见表 7-8)。由表 7-7 和表 7-7 可知,和 X 市相比,河南省制造业来自生产性服务业的中间投入依然相对较低(仅为 13.05%)。不仅如此,河南省制造业来自批发和零售、交通运输、仓储和邮政等传统服务业的中间投入占到了生产性服务业中间投入的 80.61%,远远高于 X 市 71.12% 的水平。由此可见,河南省制造业对批发和零售、交通运输、仓储和邮政等传统服务业需求比重比较高,而对信息传输、软件和信息技术服务、科学研究和技术服务等现代服务业的有效需求不足,这从另外一个方面说明了河南省现代生产性服务业的潜在需求拓展空间很大。

表7-8　2012 年河南省、X 市制造业中间投入中各部门投入占比

	农业	采矿业	制造业	电力、燃气等及建筑	生产性服务业	其他服务业
河南省	9.98%	9.32%	62.15%	4.01%	13.05%	1.49%
X 市	2.52%	5.58%	70.93%	2.09%	17.52%	1.37%

第二,生产性服务业存在"自我增强"特点,但服务业本身发展不足影响了生产性服务业的自我增强。在工业化的前期、中期阶段,工业在国民经济中占据主导地位,生产性服务业主要为工业提供生产性服务,随着服务业在国民经济中比重的不断增长,生产性服务业不仅为农业、采矿业、制造业等提供服务,同时也对生产性服务业自身提供服务。由表 7-7 可知,河南省生产性服务业对金属制品、机械和设备修理服务、信息传输、软件和信息技术服务、金融、租赁和商务服务的中间需求率均达到 30% 以上。生产性服务业所提供给中间需求的一部分产出,至少有 16.70% 又提供给了生产性服务业部门,自我增强的特征比较明显。但由图7-7 的对比分析可知,X 市生产性服务业自我服务的中间需求量占比高达 56.81%,其他服务业对生产性服务业中间需求量占比高达 15%,均远远高于河南省水平。国外很多学者如 Goe(1990)、Juleff(1996)、Pilat,Wolfl(2005)的研究证实了西方发达国家的生产性服务业产品主要是供给服务部门而不是制造业部门。X 市 2012 年第三产业对 GDP 的贡献率为 76.8%,远远高于河南省的 29.1%。因此,河南省生产性服务业虽存在自我增强特征,但服务业本身发展不足影响了生产性服务业的自我增强。

(3)基本结论、启示

①基本结论

一是生产性服务业与制造业已呈现初步融合仍有待深化。经过实证分析可以看出,生产性服务业与制造业呈现初步融合仍有待深化,河南省已经开始向经济强省迈进,进入"十三五"的规划发展期后,河南省大力促进深化改革,优化经济结构,发展服务业,推动两个产业的融合发展,通过不断完善市场机制,给予政策

支持,为融合发展提供良好基础和有利条件。河南省位于中原,有良好的交通、区位和劳动力优势,同时,河南省也在大力发展服务业,服务业在国民生产总值的比重逐年上升,就业比重也在不断上升,大力发展金融业和科技产业,使之对制造业的支撑不断加强。郑州市航空港的建设,也造就了一批产业集群。虽然目前河南省生产性服务业和制造业融合发展仍属于一个初期阶段,但相信很快就可以迎来一个高速发展时期。

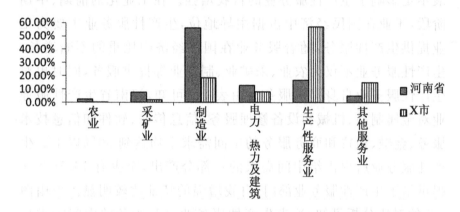

图 7-7　河南省和 X 市各部门对生产性服务业的中间需求比重对比

二是生产性服务业发展较为滞后。通过分析可以看到,河南省生产性服务业与发达地区相比,虽然在个别部门已经有了不小发展,但整体来看还有不小差距,尤其是现代生产性服务业,除金融业发展较好之外,其他部门发展还很欠缺,生产性服务业内部严重不均衡,河南省还要继续注重生产性服务业发展。并且生产性服务业发展中还有很多制度上的障碍,例如很多企业得不到足够的优惠政策,行业之间有恶性竞争,市场需求度还不够,甚至很多垄断企业在控制行业整体发展,这些企业创新力不够,导致产品质量提升缓慢,在应对瞬息万变的市场情况时不能及时做出调整以配合制造业的需求,这些因素都会给生产性服务业的发展带来很多障碍,进而制约两个产业的良性融合。

三是制造业层次不高。目前,河南省制造业在发展过程中对生产性服务业的需求还不是很高,制造业产业价值链 向"微笑曲线"上、下游延伸程度低,因为河南省的制造业在很大程度上还是依赖传统制造业,企业的研发能力和创新能力较差,知识和技术密集型产业比重低,仍以加工为主,对生产性服务业的需求不够高,高端制造业发展水平和发达地区还有不小差距,整体产业层次还有很大的提升空间。河南省高新技术产业起步较晚,虽然发展速度不慢,但由于基础不好,所以还不能对经济发展作出足够的贡献;传统产业比重大,采矿业等传统优势产业现代化程度低。现代生产性服务业虽然已取得进步,但是差距仍不小,如果生产性服务业能提升自身服务质量,在经济发展中能够给制造业足够的支撑,河南省制造业产业层次就会得到很大的提升。

②启示

启示之一:制造业和生产性服务业的融合发展存在诸多外部因素的限制。

一是服务业垄断现象。因为存在或多或少的政府干预,河南省服务业中还是有相当一部分产业发展比如金融业主要由政府控制,政府设置了市场准入标准,这样就会增强垄断性,限制市场竞争,使得行业缺乏创新能力,经营效率不高,服务业市场化程度较低,导致两个产业无法更好地融合。

二是人才匮乏是河南省生产性服务业不能快速发展的一个重要限制因素。生产性服务业对于人才要求较高,专业能力要过硬,现代制造业更是需要高新技术人才和高素质人才。然而河南省位于中部地区,区域发展比较落后,相较北上广和沿海地区还有一定差距,没有这些发达地区吸引力强,所以人才引进难度较大,并且本省培养出的人才向发达地区流失的现象也十分严重。

三是河南省制造业还处于发展上升阶段,结构还较为低端。虽然规模化的产业集群在部分区域已经建成,但是高新技术产业少,各地制造业的产值大部分仍来源于传统的行业。由于生产的专业化程度较低,企业的产业链还比较单一,很多工作在企业内部完成,这就会限制企业将服务外包,就无法有效推进生产性服务业进步,制约了二者的融合发展。

启示之二：深化河南省制造业和生产性服务业两业融合需要多方探讨。

一要加强产业关联，促进制造业主辅分离。根据河南省投入产出表的进一步计算可知，2002年到2012年的10年间，整体制造业中间投入中生产性服务业的比重由9.7％上升到13.05％，但在此10年间，河南省制造业增加值提高535％，生产性服务业增加值仅提高386％。这表明，河南省制造业快速增长的同时，对生产性服务业的需求却并未出现同步增长，两者在部分部门中呈现独立发展的态势，这不符合产业关联理论的发展规律，也阻碍了制造业企业和生产性服务业的产业关联，最终使生产性服务业缺乏有效市场需求而发展滞后。从目前来讲，制造业仍然是河南省国民经济中比重最大的产业，也是生产性服务业的主要来源。政府应创造条件，比如通过财税政策、土地优惠政策等制度安排措施弱化或减少企业外包服务业务的市场风险，推动生产性服务业从生产企业中剥离以及生产企业服务外包化，使制造业能够集中资源和精力打造具有核心竞争力的"中国制造"，生产性服务业的潜在需求能够转化为现实需求，促进生产性服务业供需转化。

二要以制造业升级带动生产性服务业升级。生产性服务业的需求来源主要是制造业和服务业自身。在较长的一段时间内，河南省的生产性服务业主要需求来源仍将是制造业，不同的制造业需求结构会对生产性服务业发展和其内部结构造成影响。一般而言，劳动密集型的低技术制造业和资源型制造业对传统生产性服务业比如批发和零售、交通运输、仓储和邮政等部门的需求比较大，而技术密集型制造业对信息传输、软件和信息技术服务、科学研究和技术服务等的需求较多，因此，要想通过改善需求结构促进生产性服务业，必须加快传统资源型产业的战略重组和促进战略性新兴产业发展，以制造业升级带动生产性服务业升级。

三要依靠区位优势帮助制造业和生产性服务业集聚发展。河南省处于我国中部，资源、交通和地理都有很大优势，河南省可以依靠自己的区位优势，构建制造业和生产性服务业集聚发展，可以将郑州作为政治、物流、科研、金融和商务中心,同时发挥洛阳工业基地优势,周边城市根据自身条件,发展自己的优势产业,最终形成以郑州为中心的产业体系。在推进新型工业化的重要时期,制造业企业要将产业链向"微笑曲线"两端拓展。不仅要重视上游的设计、研发等环节,这些环节的提升可以降低生产成本,提升产品层次,从而帮助企业获得更高的利润;还要重视下游的销售、售后服务等方面,完善的售后服务体系可以帮助企业获得消费者的青睐,抢占市场份额。生产性服务业紧紧跟随制造业发展脚步,在工业基地附近建设生产性服务业集聚发展,例如科技产业园、运输物流园等,生产性服务业在此过程中更加专业化,规模扩大,反过来为制造业提供更好的服务,形成良性循环。

第8章 资源环境约束下河南省产业
结构优化的制度保障措施探讨

8.1 资源环境约束下河南省产业结构优化的政策措施

8.1.1 第一产业

第一产业主要体现在要促进农业科技创新,优化农业结构。据有关研究显示,农业面源污染程度主要受地均农林牧渔产值、种植业结构、农业结构、科技进步率、休闲观光农业的推行等因素影响。因此,改善农业面源污染就应从以下几个方面入手。

河南省作为粮食生产基地,农业生产在整个经济发展乃至全国经济布局中具有举足轻重的战略性作用。在农业生产中,应处理好蔬菜播种、畜禽养殖、粮食生产和经济作物生产之间的关系,综合评估蔬菜园艺业发展对环境污染的关系,在养殖项目投产前做好环境评估,优化养殖区布局,集中治理污染,严格控制新的污染源,广泛推广粪便处理新技术,在农作物生产中促进科技创新,力促农作物育种技术、抗旱农艺推广,控制农药、化肥等使用强度,尽量选取节水高产型(节水、抗逆、高产、高水分利用率)品种,尽量做到农户沼气及秸秆的资源化利用,树立农民的生态意识,提高其农业生产的专业技能,通过发展生态农业、低碳农业和休闲观光农业等方式,挖掘农业的生态功能,优化农业结构。

8.1.2　第二产业

第二产业方面主要体现在推广清洁生产,降低资源消耗和工业结构偏水度,促进工业结构优化。环保技术水平的提高对改善环境质量起到了很好的推动作用,政府应该加大力度进行环保方面的投入,在污染减排设施方面要继续扩大支出,以形成良好的环境监测系统。对于一些高耗能的行业,如钢铁、电力等可以进行行业之间的整合,从而实现规模经济,此外也可以利用先进的生产技术和污染处理能力,降低能耗和污染程度。

在工业发展方面,要加强建设项目的环保论证,特别是水资源方面论证,严格控制高耗水和高污染工业项目的审批,实行水资源的一票否决,应逐步淘汰落后的、耗水量高的工艺、设备和产品,改革生产用水工艺,大力推广节水技术,从源头和全过程控制废水的产生和排放,增加循环利用次数,提高水的重复利用率,降低资源消耗和工业结构偏水度,提高资源综合利用水平。

从工业用水污染的末端治理上,还应健全水资源循环利用回收体系,推进再生水资源规模化利用,提高水资源的产出效率。

在能源消耗问题方面,要进一步优化工业结构,目前河南省许多产业经济发展仍是数量扩张型的经济增长,因此,应努力发展节能、轻质化、低排放、材料回收利用等创新技术,加大研发投入力度,促进工业清洁化生产,优化工业结构。

8.1.3　第三产业

第三产业方面主要体现在培育第三产业的绿色型经济增长点,实现第三产业生态化发展

从环境友好的发展角度来讲,第三产业的发展应顺应全球经济发展的绿色浪潮,通过各种形式,宣传、学习和强化现代经济社会的可持续发展理念,摒弃传统的先污染后治理理念,综合利用现代科技手段和人与自然和谐共生理念,培养第三产业发展的生态观,实现第三产业生态化发展。可以通过绿色饭店、绿色交通、

绿色服务的方式创新等不断培育绿色型经济增长点。

主要采取如下方式：一是大力发展生态旅游，通过采取生态友好方式开展生态体验、教育、认知等的生态旅游方式规避传统旅游方式所带来的负面效应。二是在城区规划中主张发展绿色建筑，最大限度地节约资源、能源、土地和水资源，提供与自然和谐共生的建筑，注重把单体建筑产品的无污染性和总体建筑群统一规划，统一规划工业区、住宅区、学校区、商业区、公共娱乐场所等，很多国家竞相提出"绿色建筑"来保护环境，我国在这一方面稍显滞后，这也是今后房地产业发展、城区规划、第三产业发展协调并进的方向。三是大力发展电子商务等多种节能的商务形式。较之传统的商务形式，电子商务等发展具有最大限度节约资源和降低环境污染等特点，在第三产业绿色发展中具有重要的作用。

8.2　促进河南省产业结构优化的制度保障措施

8.2.1　多途径矫正环境劣势和不对等

(1)以产业多样化发展和环境投资支持力度强化为途径，规避环境劣势

据邵帅、范美婷等(2013)研究显示，对外开放、制造业升级、市场化程度有助于规避资源产业依赖型地区的"资源诅咒"和实现比较优势路径升级。市场化程度的规避作用最为明显，政府干预并不利于比较优势路径升级。因此，资源产业依赖地区要想实现经济可持续发展和环境保护兼得，必须以提高市场化程度为首要途径，加大对外开放和制造业升级力度，通过产业多样化提高要素配置效率，弥补资源产业依赖部门和地区的先天缺陷。在现有发展水平下，要想弱化环境恶化对欠发达地区经济发展的不利影响，必须强化对环境劣势地区的环境科技投资支持力度。

由于环境对经济的发展起到了重要的制约作用，在发展经济

的同时要注意对环境的保护。但目前河南省的产业结构仍不合理，污染减排指标依旧较大，因而我们应该从多方位进行环境规制与保护。一方面，我们可以利用法律的制约作用。据 2013 年的资料显示，河南省颁布了《河南省减少污染物排放条例》和《河南省环境污染防治设施监督管理办法》，并组织开展大气环境污染、河流超标断面涉水污染和源地下水排污企业等 10 个专项执法活动，严格查处环境违法行为，取得了不错的成果。我们应该在此基础上，继续加大环境法制建设，推出有效的法制保护措施，对于那些工业污染物排放超标的企业进行严厉的处置，并要有效地引导企业开展可持续的工业发展计划，走新型工业化道路。

　　在某种程度上环境问题也表现为经济问题，因而我们可以通过经济手段来解决环境问题。在对产业结构进行调整的同时，政府及相关经济部门还可以通过制定相应的税收调节机制及严格的环境质量检测标准，用来促使工业企业进行绿色技术创新，并推动其开发节能和低污染排放的新产品与新技术，从而达到经济发展与环境保护之间的协调进展。

　　(2)实施城乡环境统筹，解决经济三元结构下的环境不对等问题

　　城市环境和乡镇环境是一个有机整体，密不可分。实现城乡环境统筹事关重大，在城乡环境统筹上应从城乡环境规划、环境投资和环境管理、立法方面进行统筹使城镇居民和农村居民享有相近的环境质量。①在城乡发展过程中，将环境保护与城乡经济建设同步规划与实施。②调整城乡环保投资结构，加大农村环保投入，推进农村环保投资多元化，合理引导农村环境保护投融资，设立乡镇环境污染治理专项基金制度，有效治理乡镇污染。③健全适应农村环境保护要求的法律规范。一方面，要积极制定《土壤污染防治法》《畜禽养殖污染防治法》《农业面源污染防治法》以及与之配套的法律法规，通过农业清洁生产制度等方式防止农业生产的环境污染；另一方面，针对城市污染转移和农村工业布局规划方面的乡镇企业污染问题，可通过环境信息公开方面的立法

解决由于环境信息不对称所引起城市环境污染向农村的转嫁,并且要在中央环境立法的背景下结合环境污染的地方性特征制定专门针对本地特点的地方性法规解决当地的环境污染问题。

8.2.2 采取多种产业规制措施

产业规制是对产业经济主体及其行为的规制,其具体规制工具包括直接规制、行政规制和信息公开三种方式。在现有涉及环境污染的生产活动进行行政审批许可、强制性规定的规制基础上,应考虑到行业和流域性污染在空间上的异质性,根据环境污染的行业和流域地理差异的不同分区进行有差别的环境管理,进一步完善环境资源税、生态补偿机制等措施使得环境破坏和资源浪费的外部成本内部化,并在生态补偿行为的监管和跟进中对相关信息公开化以保障环境相关群体的权利。

首先是在市场机制中保留必要的命令控制措施。环境管理者和决策者要考虑到其管理和决策对环境利益相关者可能带来的影响。如果市场机制对环境利益相关者,尤其是低收入群体的环境负面影响过大,应通过立法的方式明文禁止那些可能产生负面影响的行为。其次是必须要有资源环境开发项目实施后的司法救济措施。一旦影响社会群体的资源环境开发项目开始实施,必须有相应的司法救济条款帮助环境利益相关者争取环境正义。

8.2.3 完善公众参与制度

(1)完善环境信息披露制度,提高公众参与度,矫正政府失灵和决策缺位

环境信息披露制度涉及政府、企业和民众三方,三方在环境决策、执行、监督的不同领域所获得的信息是不对称的,其中,民众是环境信息获知的劣势一方。目前我国并没有专门的《环境信息公开法》,针对环境信息披露制度的各项内容(如可能对环境造成影响的政府宏观规划、开发建设活动以及生产行为可能或已经对环境造成污染和破坏的程度、范围等)、公开方式、程序等并没

有明确的规定,因此,要在《环境信息公开办法》的指导下,增加制定依公民申请公布环境信息方式的具体操作方法,提高环境信息的透明度。

另一个必要的途径是提高公众参与度。党的十八大报告特别提出"凡是涉及群众利益的决策都要充分听取群众意见,凡是损害群众利益的做法都要坚决防止和纠正"。因此,要通过建立健全相关制度,引导和扩大公民参与,促进环境参与公平建设,进一步加强环保知识和环保政策的力度,提升由于环境意识薄弱而过低的环境治理参与度。在环境决策上,要建立决策民主和公益诉讼制度,扩大公众对涉及自身利益的环保决策和执行过程的参与。政府对环境保护 NGO 组织采取积极培育、正确引导、合理规范、依法管理的基本策略,充分发挥环境保护 NGO 组织在环境管理中的作用。

(2)通过完善资源环境影响评估制度和广泛的财政资助确保各社会群体的环境权益

资源环境影响评估制度是各社会群体,尤其是低收入群体确保资源环境权益的一项重要制度。通过采取资源环境影响评估制度,所有可能对群体/个体造成环境损害和健康损害的资源环境开发项目在实施前就应该进行必要的环境影响评估。环境/健康损害的影响评估成本不应该,也不能由群体/个体来承担。另外,社会贫困群体出于维持生存生活的需求而进城进厂,若从事环境污染较严重的行业就可能陷入贫困—打工—工作/生活环境恶化—再贫困的恶性循环中。由于环境影响的外部性和社会的联动性,社会富裕人群势必也会受到影响。因此,在实现社会公平的政策中,也要把缩小社会群体间环境不公平作为重要的政策目标,采取财政资助、环境津贴、企业环境改善投资税收减免或加大对环境污染类企业环境规制力度等方式,改善社会群体间的环境不公平问题。

参考文献

[1]Acemoglu D,Guerrieri V. Capital Deepening and Nonbalanced Economic Growth[J]. Journal of Political Economy,2008, 116(3):467~498.

[2]Baumol W J. Macroeconomics of Unbalanced Growth: The Anatomy of Urban Crisis[J]. The American Economic Review, 1967,57(3):415~426.

[3]Browning,C. Singleman,J. The Emergence of a Service Society[M]. Springfield,1975:1~10.

[4]Curtis D C A,Murthy K S R. Economic Growth and Restructuring:A Test of Unbalanced Growth models:1977—1992[J]. Applied Economic Letters,1998, 5(12):777~780.

[5]Dasgupta,P S. Heal G M. Economic theory and exhaustible resources[M]. UK,Oxford University Press,Oxford,1979.

[6]Foellmi R,Zweimuller J. Stuctural Change,Engel's Consumption Cycles and Kaldor's Facts of Economic Growth[J]. Journal of Monetary Economics, 2008,55(7):1317~1328.

[7]Goe,W R. Producer Services,Scale,and the Division of Labor[J]. Oxford Economics Papers. 1990,42:715~729.

[8]Goodman, Steadman. Services:Business Demand Rivals Consumer Demand in Driving Job Growth[J]. Monthly Labor Review,2002(4):75~84.

[9]Grimaud A, Rouge L. Non-renewable resources and growth with vertical innovations:Optimum, equilibrium and eco-

nomic policies[J]. Journal of Environmental Economics and Management,2003,45:433~453.

[10]Grossman G W, Krueger AB. Environmental impacts of a North American Free Trade Agreement [D]. Priniceton, NT: Woodron Wilson School, 1992.

[11]Grossman G,and Krueger A. Economic Growth and the Environment[J]. Quarterly Journal of Economics, 1995,110(2): 353~377.

[12]Grossman M, Helpman E. Outsourcing in a Global Economy[J]. The Review of Economic Studies,2005,72(1):135~159.

[13] Hansen, N. Factories in Danish Fields: How High-wage, Flexible Production Has Succeeded in Peripheral Jutland[J]. International Regional Science Review,1991(14):109~132.

[14] Hardin G, Cultural capacity: a biological approach to human problems[J]. Bioscience,1986, 36(9):599~604.

[15]Hettige H, Lucas B and Wheeler D. The Toxic Intensity of Industrial Production:Global Patterns, Trends and Trade Policy[J]. American Economic Review,1992,82:478~481.

[16]Hsich T, Klenow J. Relative Prices and Relative Prosperity[J]. American Economic Review,2007,97(3):562~585.

[17]Juleef,L E. Advanced Producer Services:Just a Service to Manufacturing[J]. The Service Industries Journal, 1996, 16 (3):389~400.

[18]Klodt,H. Industrial Policy and the East German Productivity Puzzle[J]. German Ecnomic Review,2000(1):315~333.

[19]Kruger J J. Productivity and Structural Change: A Review of the Literature[J]. Journal of Economic Surveys, 2008,22 (2):330~363.

[20]Laitner J. Structual Change and Economic Grwoth[J]. The Review of Economic Studies,2000,67(3):545~561.

［21］Lucas E. On the Mechanics of Economic Development［J］. Journal of Monetary Economics,1988,22(1):3～42.

［22］Matsuyama K. Structural Change in an Interdependent World:A Global View of Manufacturing Decline［J］. Journal of the European Economic Association, 2009,7(2～3):478～486.

［23］Ngai L R,Pissarides A. Structural Change in a Multi-sector Model of Growth ［J］. The American Economic Review, 2007,97(1):429～443.

［24］Notarangelo M. Unbalanced Growth:A Case of Structural Dynamics［J］. Structural Change and Economic Dynamics, 1999,10(2):209～223.

［25］Panayotou T. Demystifying the Environmental Kuznets Curve:Turning a Black Box into a Policy Tool［J］. Environment and Development Economics,1997,2:465～484.

［26］Pilat,D. ,Wolfl,A. Measuring the Interaction between Manufacturing and Services［R］. STI working paper 2005 (5): 1～47.

［27］Rock M. Pollution Intensity of GDP and Trade Policy: Can the World Bank Be Wrong? ［J］. World Development, 1996, 24:471～479.

［28］Scholz Christian M,Georg Ziemes. Exhasutible resources,monopolistic competition,and endogenous growth［M］. Mineo,University of Kiel,1996.

［29］Schou P. A growth model with technological progress and non-renewable resources［R］. Mineo, University of Copenhagen,1996.

［30］Shafik N and S. Bandyopadhyay,Economic Growth and Environmental Quality:Time Series and Cross-Country Evidence ［R］. Background Paper for the World Development Report the World Bank, Washington D. C. , 1992.

[31]Song Tao,Zheng Tingguo,et al. An Empirical Test of the Environmental Kuznets Curve in China:A Panel Co integration Approach[J]. China Economic Review,2008,19:381~392.

[32]Ssidl I,Tisdell C A. Carring capacity reconsidered:from Malthus population theory to cultural carrying capacity[J]. Ecological Economics,1999,31:348~395.

[33]Stiglitz J. Growth with exhaustible natural resources:Efficient and optimal growth paths[J]. Review of Economic Studies,1974.(41)(Symposium):123~137.

[34]Tsur,Y,Zemel,A,Scarcity,growth and R&D[J]. Journal of Environmental Economics and Management,2005,49(3):484~499.

[35]包群,彭水军.经济增长与环境污染:基于面板数据的联立方程估计[J].世界经济,2006(11):48~58.

[36]蔡继,董增川,陈康宁.产业结构调整与水资源可持续利用的耦合性分析[J].水利经济,2007(9):43~45.

[37]陈丹,王然.我国资源环境承载力态势评估与政策建议[J].生态经济,2015(12):111~114,115.

[38]陈国阶.中国资源利用与产业结构的调整[J].中国人口·资源与环境,1994(3):26~31.

[39]陈南祥,王延辉.基于熵权的水资源可持续承载力模糊综合评价[J].人民黄河,2007(10):44~46.

[40]陈南祥.基于博弈论组合赋权的流域水资源承载力集对分析[J].灌溉排水学报,2013(4):81~85.

[41]陈述彭.城市化正成为长三角经济增长的动力和源泉[Z].新华社网,2002-10-21.

[42]陈迅,高远东.FDI与中国产业结构变动相互影响的实证研究[J].开发研究,2006(1):75~77.

[43]程乾生.属性识别理论模型及其应用[J].北京大学学报(自然科学版),1997(1):12~20.

[44]崔凤军,杨水慎.产业结构对城市生态环境的影响评价[J].中国环境科学,1998(2):166～169.

[45]崔凤军.本溪产业结构的环境生态评价[J].城市环境与城市生态,1995(8):31～36.

[46]崔志清,董增川.基于水资源约束的产业结构调整模型研究[J].南水北调与水利科技,2008(4):60～63.

[47]董林,陈璇璇.城市可持续发展的水资源约束分析[J].水利科技与经济,2006(8):525～527.

[48]冯宝平,张展羽,贾仁辅.区域水资源可持续利用机理分析[J].水利学报,2006(1):16～20.

[49]凤凰河南.河南省环保厅发布 2014 年环境质量情况[EB/OL].河南频道,凤凰网（http://hn. ifeng. com/huanbao/detail_2015_01/26/3478087_0. shtml）.

[50]傅湘,纪昌明.区域水资源承载能力综合评价——主成分分析法的应用[J].长江流域资源与环境,1995(5):168～172.

[51]傅缨捷.中等收入国家产业结构优化的影响因素[D].吉林大学博士学位论文,2015.

[52]郜慧,刘明华,杨酥,等.河南省产业结构演化及其生态环境效应分析[J].环境科学与管理,2012(2):157～161.

[53]谷国锋,袁孝亭.科技创新:区域经济发展的第一动力[J].经济纵横,2003(1):50～54.

[54]关伟.区域水资源与经济社会耦合系统可持续发展的量化分析[J].地理研究,2007(7):685～692.

[55]郭轲,王立群.京津冀地区资源环境承载力动态变化及其驱动因子[J].应用生态学报,2015(12):3818～3826.

[56]郭克莎.中国产业结构变动趋势及政策研究[M].北京:经济管理出版社,1999.

[57]韩德超,张建华.中国生产性服务业发展的影响因素研究[J].管理科学,2008(12):792～795.

[58]韩坚,尹国俊.农业生产性服务业:提高农业生产效率的

新途径[J].学术交流,2006(1):107～110.

[59]郝寿义.区域经济学原理[M].上海:格致出版社,2007.

[60]和夏冰,王媛,张宏伟,等.我国行业水资源消耗的关联度分析[J].中国环境科学,2012(4):762～768.

[61]黄莲子.浙江工业化发展水平与环境质量的关系研究[D].浙江工商大学硕士学位论文,2007.

[62]黄玲花,韦国艳.PCA 与 AHP 结合法在城市可持续发展评价中的应用[J].统计与决策,2007(15):149～150.

[63]惠泱河,蒋晓辉,黄强,等.水资源承载力评价指标体系研究[J].水土保持通报,2001,21(1):30～34.

[64]贾绍凤,张士峰,杨红,等.工业用水与经济发展的关系——用水库兹涅茨曲线[J].自然资源学报,2004(3):279～284.

[65]江静,刘志彪.世界工厂的定位能促进中国生产性服务业发展吗?[J].经济理论与经济管理,2010(3):62～68.

[66]江小涓.2001 年外商对华投资分析及 2002 年前景展望[J].管理世界,2002(1):27～34.

[67]金碚.资源与环境约束下的中国工业发展[J].中国工业经济,2005(4):97～104.

[68]黎枫,陈亚宁,李卫红,等.基于熵权的集对分析法在水资源可持续利用评价中的应用[J].冰川冻土,2010(8):723～729.

[69]李德一,张树文.黑龙江省水资源与社会经济发展协调度评价[J].干旱区资源与环境,2010(4):8～11.

[70]李芳.资源环境约束下新疆产业结构优化研究[M].北京:中国农业出版社,2013.

[71]李金滟,胡赓.中部六省资源环境承载力的测度[J].统计与决策,2012(2):122～126.

[72]李莉.资源约束下唐山市的产业结构优化研究[D].河北大学硕士学位论文,2011.

[73]李树文,康敏娟.生态——地质环境承载力评价指标体系的探讨[J].地球与环境,2010,38(1):85～90.

[74]李玮,赵国浩.基于环境约束的工业行业结构优化研究[J].中国人口·资源与环境,2010(3):129~133.

[75]李文臣,刘超阳.FDI产业结构效应分析——基于中国的实证研究[J].改革与战略,2010(2):116~119.

[76]李文君,杨明川,史培军.唐山市资源型产业结构及其环境影响分析[J].地理研究,2002(7):511~518.

[77]李益敏,张丽香,王金花.资源环境约束下的怒江州农业产业结构调整研究[J].生态经济,2015(2):117~120.

[78]李周,包晓斌.资源库兹涅茨曲线的探索:以水资源为例[R].中国农村发展研究报告,2008,No.2.

[79]李周.生态经济理论与实践进展[J].林业经济,2008(8):10~16.

[80]李自珍,赵松岭,张鹏云.生态位适宜度理论及其在作物生长系统中的应用[J].兰州大学学报(自然科学版),1993(4):219~224.

[81]刘昌明,王红瑞.浅析水资源与人口、经济和社会环境的关系[J].自然资源学报,2003(9):635~644.

[82]刘恒,耿雷华,陈晓燕.区域水资源可持续利用评价指标体系的建立[J].水科学进展,2003(3):265~270.

[83]刘天朝,何文社.集对分析法在水资源可持续利用评价中的应用[J].人民黄河,2010(1):59~60.

[84]刘文新,张平宇,马延吉.资源型城市产业结构演变的环境效应研究:以鞍山市为例[J].干旱区资源与环境,2007(2):17~21.

[85]刘希宋,李果.产业结构与环境影响关系的多维标度分析——兼析哈尔滨市产业结构的优化升级[J].经济与管理,2009(10):57~59.

[86]刘益诚.FDI主导的产业集群和地方产业升级研究[D].苏州大学博士学位论文,2012.

[87]刘宇.资源、环境双重约束下辽宁省产业结构优化研究[D].

辽宁大学博士学位论文,2012.

[88]卢超,王蕾娜,张东山,等.水资源承载力约束下小城镇经济发展的系统动力学仿真[J].资源科学,2011(8):1498~1504.

[89]鲁南,刘云华,董增川.水资源与经济社会和生态环境互动关系研究进展[J].海河水利,2004(5):8~10.

[90]罗盘,曲昌荣.阔步转型之路——河南省近年经济社会发展概况[EB/OL].广西新闻网(http://www.gxnews.com.cn/staticpages/20100520/newgx4bf4d7e4~2962030.shtml).

[91]马静,陈涛,申碧峰,等.水资源利用国内外比较与发展趋势[J].水利水电科技进展,2007(1):6~10.

[92]梅国平,龚海林.环境规制对产业结构变迁的影响机制研究[J].经济经纬,2013(2):72~76.

[93]宁维亮.山西省水资源与经济社会可持续协调发展研究[J].水利经济,2005(7):1~5.

[94]潘兴瑶,夏军,李法虎,等.基于GIS的北方典型区域水资源承载力研究:以北京市通州区为例[J].自然资源学报,2007(4):664~671.

[95]彭水军,包群.资源约束条件下长期经济增长的动力机制——基于内生增长理论模型的研究[J].财经研究,2006(6):110~119.

[96]曲格平.从"环境库兹涅茨曲线"说起[J].中国环境管理干部学院学报,2006(4):1~3.

[97]佘思敏,胡雨村.生态城市水资源承载力的系统动力学仿真[J].四川师范大学学报(自然科学版),2013(1):126~131.

[98]宋旭光.资源约束与中国经济发展[J].财经问题研究,2004(11):15~20.

[99]孙顺利,周科平,胡小龙.基于投影评价方法的矿区资源环境承载力分析[J].中国安全科学学报,2007(5):143~147.

[100]孙顺利,周科平,胡小龙.基于投影评价方法的矿区资源环境承载力分析[J].中国安全科学学报,2007,17(5):139~143.

[101]覃荔荔,王道平,周超.综合生态位适宜度在区域创新系统可持续评价中的应用[J].系统工程理论与实践,2011(5):927~936.

[102]谭娟.政府环境规制对低碳经济发展的影响及其实证研究[D].湖南大学博士学位论文,2012.

[103]谭萌佳,严力蛟,李华斌.城市人居环境质量定量评价的生态位适宜度模型及其应用[J].科技通报,2007(5):439~435.

[104]唐凯,唐承丽,等.基于集对分析法的长株潭城市群资源环境承载力评价[J].国土资源科技管理,2012(2):46~53.

[105]陶磊,刘朝明,陈燕.可再生资源约束下的内生经济增长模型研究[J].中南财经政法大学学报,2008(1):16~19.

[106]田静宜,王新宜.基于熵权模糊物元模型的干旱区水资源承载力研究——以甘肃民勤县为例[J].复旦学报(自然科学版),2013(2):86~93.

[107]涂正革.环境、资源与工业增长的协调性[J].经济研究,2008(2):93~105.

[108]王福林,吴丹.基于水资源优化配置的区域产业结构动态演化模型[J].软科学,2009(5):92~96.

[109]王刚,赵松岭.生态位概念的讨论及生态位重叠计算研究[J].生态学报,1984(2):119~127.

[110]王建廷.区域经济发展的动力与动力机制[J].南开大学博士学位论文,2005.

[111]王剑婷,胡山鹰,李有润,等.考虑环境影响的产业规划决策[J].现代化工,2005(4):58~60.

[112]王友贞,施国庆,王德胜.区域水资源承载力评价指标体系的研究[J].自然科学学报,2005(4):597~604.

[113]王振波,张蔷,张晓瑞,等.基于资源环境承载力的合肥市增长边界划定[J].地理研究,2013(12):2302~2311.

[114]魏文侠,程言君,王洁,等.造纸工业资源环境承载力评价指标体系探析[J].中国人口·资源与环境,2010,20(3):338~340.

[115]吴丹,吴凤平.基于水资源环境综合承载力的区域产业结构优化研究[J],统计与决策,2009(2):100～102.

[116]吴琼.基于因子分析的青海省水资源承载力综合评价[J].水资源保护,2013(1):22～26.

[117]肖蓉蓉.湖南省经济发展与环境污染关系研究——基于环境库兹涅茨曲线[D].湖南大学硕士学位论文,2007.

[118]肖文,樊文静.产业关联下的生产性服务业发展——基于需求规模和需求结构的研究[J].经济学家,2011(6):72～80.

[119]肖兴志,李少林.环境规制对产业升级路径的动态影响分析[J].经济理论与经济管理,2013(6):102～112.

[120]修丽娜.城市土地承载力分析:以天津滨海新区为例[J].安徽农业学科,2010(4):19657～19660.

[121]徐现祥,李郇.市场一体化与区域协调发展[J].经济研究,2005(12):57～67.

[122]许联芳,谭勇.长株潭城市群两型社会试验区土地承载力评价[J].经济地理,2009(1):69～73.

[123]许士春,何正霞.中国经济增长与环境污染关系的实证分析:来自1990—2005年省级面板数据[J].经济体质改革,2007(4):22～26.

[124]杨安.FDI与产业结构优化升级的相关性研究[D].山东大学博士学位论文,2013.

[125]杨新梅.中部地区经济增长中的水土资源"增长尾效"测度与对策研究[D].南昌大学硕士学位论文,2010.

[126]姚治华,王红旗,郝旭光.基于集对分析的地质环境承载力研究:以大庆市为例[J].环境科学与技术,2010(10):183～189.

[127]叶厚元,冯静.中部地区水资源与区域经济的协调发展[J].水利科技与经济,2006(9):623～625.

[128]叶京京.中国西部地区资源环境承载力研究[D].四川大学硕士学位论文,2007.

[129]游德才.国内外对经济环境协调发展研究进展:文献综

述[J].上海经济研究,2008(6):3～13.

[130]于淑娟,赵志江.基于水资源承载力的经济发展模式研究[J].水利发展研究,2007(12):28～31.

[131]余丹林,毛汉英,高群.状态空间衡量区域承载状况初探——以环渤海地区为例[J].地理研究,2003(2):201～210.

[132]张捷,张玉媚.广东省的环境库兹涅茨曲线及其决定因素[J].广东社会科学,2006(3):7～17.

[133]张丽,董增川,张伟,水资源可持续承载能力概念及研究思路探讨[J].水利学报,2003(10):108～113.

[134]张文国,杨志峰,伊锋,等.区域经济发展模式与水资源可持续利用研究[J].中国软科学,2002(9):87～92.

[135]赵奥,武春友.中国水资源消耗配置的灰色关联度与适宜度测算[J].中国人口·资源与环境,2010(9):65～69.

[136]赵克勤.集对分析及其初步应用[M].杭州:浙江科技出版社,2000.

[137]赵亮.水资源消耗与经济增长的相关性分析[J].价格理论与实践,2009(2):44～45.

[138]赵雪雁.甘肃省产业转型及其生态环境效应研究[J].地域研究与开发,2007(2):102～106.

[139]郑爱榕,李俊,蔡阿根.城镇环境规划中工业结构的调整方法[J].厦门大学学报(自然科学版),2001(5):693～698.

[140]钟声宏.产业结构演化对自然生态环境影响的定量评价[J].广东技术师范学院学报,2008(8):21～24.

[141]周景博.北京市产业结构现状及其对环境的影响分析[J].统计研究,1999(8):40～44.

[142]朱函葳.对引入资源环境因素后经济长期增长路径的探究[J].暨南学报(哲学社会科学版),2014(5):90～100.

[143]庄宇,张敏,等.西部地区经济发展与水文环境质量的相关分析[J].环境科学与技术,2007,30(4):50～52.